AF358724

VIE

DU

PÈRE ANDRÉ COINDRE

FONDATEUR

DE

L'INSTITUT DES FRÈRES DU SACRÉ-CŒUR

ET DES RELIGIEUSES DE JÉSUS-MARIE

PAR UN FRÈRE DU SACRÉ-CŒUR

LYON | LE PUY

Librairie DELHOMME & BRIGUET | À l'Imprimerie de Jésus-Marie

1888

VIE

DU

PÈRE ANDRÉ COINDRE

BOURG, IMPRIMERIE VILLEFRANCHE

VIE

DU

PÈRE ANDRÉ COINDRE

FONDATEUR

DE

L'INSTITUT DES FRÈRES DU SACRÉ-CŒUR

ET DES RELIGIEUSES DE JÉSUS-MARIE

PAR UN FRÈRE DU SACRÉ-CŒUR

LYON | LE PUY
Librairie DELHOMME et BRIGUET | A. [illegible]

1888

APPROBATION

De Monseigneur Fulbert Petit

ÉVÊQUE DU PUY

———

*Au Très Honoré Frère Norbert, Supérieur général
des Frères du Sacré-Cœur, à Paradis.*

MON TRÈS HONORÉ FRÈRE,

Le manuscrit que vous m'avez soumis
est destiné à fortifier les membres de votre
Institut dans la pratique des devoirs de
leur état en leur rappelant les vues élevées

et les éminentes vertus de votre Fondateur.

Vous avez obéi, en écrivant cette VIE DE M. L'ABBÉ COINDRE, à un besoin de votre cœur en même temps qu'au désir de rendre un légitime hommage à un prêtre de haute valeur intellectuelle, de grand caractère et de forte vertu dont la mémoire ne pouvait rester dans l'oubli. Je ne puis qu'applaudir à cette pensée et approuver l'expression de ce sentiment filial.

La lecture de ce volume est de nature à encourager puissamment les Frères du Sacré-Cœur dans l'accomplissement d'une mission élevée, délicate, difficile. Leur tâche comprend des obligations multiples et impose un dévouement de tous les jours. Aux connaissances nombreuses qu'exige la science pédagogique, il leur faut unir l'abnégation la plus complète. Ils doivent n'être inférieurs à aucun des instituteurs laïques pour l'instruction et s'efforcer de leur demeurer toujours supérieurs par la sainteté de leur vie. Rien ne leur rappellera plus doucement ces exigences de leur vocation que le souvenir de l'homme de Dieu qui présida aux débuts de votre grande Œuvre.

M. l'abbé Coindre appartient à cette vaillante génération de prêtres éminents dont plusieurs furent appelés aux plus hautes dignités de l'Eglise et qui, tous, par leurs travaux apostoliques, exercèrent, au commencement du siècle, une si grande influence et contribuèrent puissamment au réveil de la foi dans notre généreux pays de France. M. Coindre était, parmi eux, l'un des mieux doués. Il se distinguait entre tous par ses brillantes facultés, par son activité infatigable, par l'ardeur de son zèle, par la vigueur de son éloquence.

Vous donnez d'intéressants détails sur les missions nombreuses auxquelles il prit part, principalement dans le diocèse de Lyon sous la direction de M. *Mioland* et dans le diocèse du Puy, comme Supérieur des Missionnaires du Sacré-Cœur qu'il avait organisés. Les missions et les retraites données dans le Velay par les Missionnaires du Sacré-Cœur produisirent une impression profonde qui n'est point encore effacée. L'abbé Coindre fut toujours le premier à la peine. Il était l'Orateur obligé des grandes circonstances ; et sa parole entraînante, qui dominait les foules, le faisait appeler, par ses contemporains, un « nouveau Bridaine ».

L'Œuvre des Missions n'absorbait pas toute son activité et ne suffisait pas à son zèle. En même temps qu'il évangélisait les masses, il créait encore des « Providences », des « Refuges » pour la préservation de l'enfance abandonnée; et, afin de combattre l'ignorance, source de tant de maux, il fondait deux « *Instituts* » voués à l'enseignement.

Lorsque plusieurs des Missionnaires du Sacré-Cœur furent placés à la tête de paroisses importantes du diocèse où ils ont laissé de vivants souvenirs, M. Coindre dut se séparer de ses collaborateurs et aller se fixer à Blois où il fut nommé Supérieur du Grand-Séminaire. C'est là que la mort vint le frapper prématurément, dans toute la force de l'âge, à 39 ans, alors que, dans la plénitude et la maturité de son talent, il pouvait se promettre une carrière féconde et rendre encore à l'Eglise de précieux services.

Une vie si courte avait été néanmoins grandement remplie [1]. D'ailleurs il vit en-

---

[1] *Brevi vivens tempori explevit tempora multa.*

core dans ses deux familles religieuses, chaque jour plus florissantes, dont il est le Fondateur, qui le vénèrent comme un Père et qui, toujours fidèles à son esprit, se consacrent, en France et à l'Étranger, avec autant de succès que de dévouement à l'éducation de la jeunesse.

Recevez, mon Très Honoré Frère, avec mes vœux pour les progrès de votre Institut et la sanctification de tous ses membres, ma plus paternelle bénédiction.

† FULBERT,

Évêque du Puy-en-Velay.

Au Puy, le 15 juin 1833.

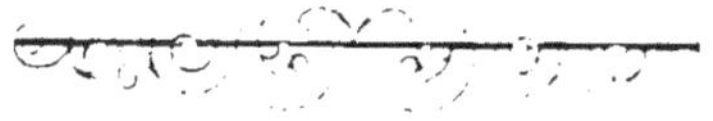

LETTRES ADRESSÉES A L'AUTEUR

Bordeaux, 3 avril 1880.

Mon Cher Frère,

Je vous remercie de m'avoir appris la prochaine publication d'une vie de M. Coindre. Cette nouvelle m'a réjoui au-delà de ce que je pourrais dire, car, depuis longtemps, j'attendais qu'un écrivain de bonne volonté et de talent se chargeât de faire revivre la mémoire de votre vénéré Fondateur, l'un des hommes

les plus faits pour fixer les regards de la postérité.

D'avance, mon bien-aimé Frère du Sacré-
Cœur, je bénis l'historien et son œuvre, con-
vaincu que le portrait qu'une main filiale aura
peint avec confiance et amour sera, en tout,
digne de celui dont il doit conserver la physionomie.

Je n'ai rien à dire de M. Coindre au point
de vue de ses fondations ; à l'auteur de raconter la naissance et la rapide expansion de ses
familles religieuses, vouées à l'enseignement
de la jeunesse des deux sexes, et dont les œuvres
sont plus vivantes et plus prospères que jamais;
à lui encore de faire connaître ce que fut, dans
sa vie intime et dans l'action puissante qu'il
exerça sur les âmes qui l'approchèrent, le saint
prêtre qui devint entre les mains de Dieu un
si grand ouvrier apostolique. Mais il m'appartient, à moi, le dernier survivant d'une phalange que M. Coindre anima souvent de sa
parole et édifia par ses exemples, de dire le
souvenir que j'ai gardé de son apostolat et de
l'éclat de ses vertus.

M. Coindre, en sortant du Séminaire, fut
nommé vicaire à Bourg, et, trois ans après, les
Grands Vicaires du cardinal Fesch l'appelèrent

à Lyon. Voyant en lui un grand talent pour la chaire et un goût bien prononcé pour les missions, ils l'engagèrent à s'associer aux anciens compagnons de M. Rauzan, qui étaient restés aux Chartreux après que ce célèbre prédicateur se fût retiré à Paris, où il fonda plus tard les Missions de France. M. Coindre se révéla tout à coup sur ce théâtre comme devant opérer un bien immense dans la position qui lui était faite et qui répondait si bien à ses goûts. Depuis Bridaine, jamais parole aussi puissante n'avait retenti sous les voûtes sacrées. Solidité de la pensée, brillant de la forme, perfection de l'action oratoire, émotion communicative, tout ce qui impressionne et transporte un auditoire se trouvait dans ses discours qui eussent soutenu la comparaison avec ceux des grands prédicateurs de notre temps. On les admirerait, sans aucun doute, si quelqu'un eût pris soin de les recueillir ; mais qui pourrait se représenter la sonorité de l'organe, l'autorité du geste, cette passion oratoire et cette vibration de l'âme qui centuplaient la force de l'orateur ?

M. Coindre a peu écrit, mais il avait beaucoup médité. Son zèle et sa piété lui étaient deux sources intarissables d'où l'éloquence jaillissait à flots pour convertir les âmes. A soixante ans de distance, j'entends encore sa voix tonnante qui terrassait le pécheur et l'amenait au sacré tribunal, comme aussi je vois l'ardent missionnaire devenir doux comme un agneau, au milieu de ses frères d'armes et de ses inférieurs, donnant à tous l'exemple de l'humilité et de l'égalité de caractère.

Je ne l'ai jamais perdu de vue, et j'ai partagé ses travaux dans le diocèse de Lyon, formé, après le Concordat, de trois départements. Nous avions pour Supérieurs, dans l'ancienne Maison des Chartreux, MM. de la Croix d'Azolette et Mioland, morts, le premier, archevêque d'Auch, le second archevêque de Toulouse. Nous nous sommes retrouvés un peu plus tard avec votre cher Fondateur dans les diocèses de Tours, de Blois et d'Orléans, lorsque, sur la demande de MMgrs de Montblanc, de Sauzin et de Varicour, avec MM. Dufêtre, Lyonnet, Olignol (de Viviers), Suchet, Nivet, Marcel et Eynac (du Puy), nous allâmes fonder la Maison des Missionnaires de Saint-Martin et évangéliser le centre de la France. Or, je le proclame, partout et toujours M. Coindre se montra à nous comme un prêtre de la plus haute vertu et un des Missionnaires les plus complets de son époque.

Je m'arrête, mon cher Frère, en vous remerciant de l'œuvre filiale que vous avez entreprise. Grâce à vos soins, nos contemporains et nos neveux apprendront à connaître notre vaillant compatriote en même temps que la postérité spirituelle de M. Coindre pourra s'édifier de ses exemples et profiter de ses leçons.

Je ne puis pas, en finissant, ne pas vous donner un extrait d'une lettre de M. Villecour, mon ancien suffragant à La Rochelle et mort à Rome, membre du Sacré-Collège. Il faisait alors partie de la Maison de Saint-Martin de Tours ; nous venions de terminer les missions de Blois, de Vendôme et de Montargis où MM. Parisis, Nogret, Suchet, Richard (de Gatine), et Mégret (de Mayenne) opérèrent des merveilles. M. Coindre était allé prendre quelques jours de repos dans sa Communauté de Fourvières : c'est là que M. Villecour lui écrivait :

« Vous avez enlevé tous les cœurs sur les bords
« du Cher et de la Loire, comme jadis à Saint-
« Etienne, à Tarare et à Pont-de-Vaux ; vous
« avez donc bien fait, épuisé selon le corps,
« mais riche, selon l'esprit, des dépouilles que
« vous avez ravies à l'enfer, d'aller prendre
« quelque repos dans le diocèse natal. Laissez-
« moi finir, mon cher et bien-aimé confrère,
« par mes sincères félicitations et veuillez faire

« agréer l'expression de mes meilleurs senti-
« ments à M. Donnet, notre bien-aimé Supé-
« rieur, que l'on me dit en ce moment auprès
« de sa mère, malade, sur la paroisse de Saint-
« François de Lyon. Nous dirons tous demain
« la messe à son intention. »

Agréez, mon cher Frère, l'assurance de mes
sentiments dévoués et affectueux.

✝ FERDINAND, Cardinal DONNET,

Archevêque de Bordeaux.

Poligny, le 11 octobre 1889.

Mon Très Cher Frère,

Je serais heureux de pouvoir vous donner quelques renseignements sur votre vénéré Fondateur, M. l'abbé Coindre, mais il n'en est aucun à ma connaissance que vous puissiez ajouter à sa biographie.

Je me le rappelle fort bien, en 1824, j'étais jeune encore et prêtre depuis décembre 1822. Je remplissais simplement les fonctions de vicaire de Saint-Martin, en l'église métropolitaine de Tours, à laquelle M. Donnet, supérieur des Missions diocésaines, m'employait de temps en temps, sans que je fisse partie de sa Congrégation, uniquement comme auxiliaire, pour accroître le nombre des missionnaires nécessaires dans l'entreprise de ses bonnes œuvres.

Ce que je ne saurais oublier, c'est que M. Coindre exerçait son apostolat avec de réels succès, doué qu'il était d'une éminente piété, d'un zèle remarquable et d'une rare facilité d'élocution. Aussi a-t-il ramené au bercail du Sauveur d'innombrables âmes qui s'en étaient éloignées.

Si, comme j'en conçois l'espérance, vous mettez son intéressante biographie au jour, je sollicite la faveur d'un exemplaire, pour rafraîchir ma vieille mémoire des faits, fruits édifiants qui s'attachent à sa vie si belle et si sainte.

Recevez, mon très cher Frère, l'assurance de mes parfaits sentiments.

† L. A. NOGRET,

Ancien Evêque de Saint-Claude.

Saint-Brieuc, le 17 novembre 1880.

Cher Frère,

Je suis bien en retard pour vous répondre. C'est que je ne puis rien vous dire sur M. Coindre, votre vénéré fondateur.

J'en ai souvent entendu parler par ses contemporains, Mgr Mioland, le P. Ballet, etc. Il reproduisait à leurs yeux l'éloquence toute-puissante, le zèle, la voix formidable du P. Bridaine.

Il y a encore un prêtre qui put le connaître, c'est M. l'abbé Pousset, aumônier de la Sainte-Famille, qui habite Sainte-Foy-lès-Lyon.

Je vous bénis,

✝ AUGUSTIN,

Évêque de Saint-Brieuc.

AVANT-PROPOS

A l'époque où parut le P. Coindre
pour exercer le saint ministère, peu de
temps après la Révolution, l'Eglise s'efforçait de ranimer la foi presque éteinte
en France. Elle devait défricher à nouveau ce sol, où ne germaient plus guère
que l'indifférence, le mépris des choses
saintes et trop souvent les vices qui en
sont la conséquence.

Parmi les hommes suscités de Dieu
qui travaillèrent avec tant d'ardeur à
détruire l'empire du mal et à régénérer

notre malheureuse patrie, se trouvait le saint prêtre au souvenir duquel nous consacrons cette notice biographique.

Il y a longtemps qu'une vie si bien remplie, selon Dieu et selon les hommes, aurait dû être écrite : il est regrettable, à tous les points de vue, qu'on ait laissé dans l'oubli un éloquent et zélé missionnaire, sans payer à sa mémoire le juste tribut d'éloges et de reconnaissance qui lui est dû à tant de titres.

Sans aucun doute, dans les années qui suivirent sa mort, il eût été facile de se procurer les détails intéressants sur la vie de cet infatigable évangélisateur des villes et des campagnes. Que de précieux renseignements eussent pu fournir ceux qui eurent de fréquents rapports avec lui aux époques où il fut élève, séminariste et missionnaire. Et pourquoi l'un de ses contemporains n'a-t-il pas raconté ses vertus et ses travaux apostoliques ? Que de choses édifiantes il nous eût apprises !

Et cependant les années ont fui, les témoins ont disparu, et avec eux sont descendus dans la tombe bien des souvenirs qu'ils auraient pu nous transmettre. Il est vrai, on avait exprimé le vœu de voir écrire la vie d'un homme qui a fait tant de bien, surtout dans les diocèses de Lyon et du Puy ; mais ce vœu si légitime n'ayant pas été entendu, nous avons pensé qu'il était possible d'entreprendre un travail qui pourra offrir encore beaucoup d'intérêt et mettre en lumière une existence si active et si féconde.

En remplissant un devoir de piété filiale, puissions-nous voir, pour notre vénéré fondateur, se vérifier ces paroles des saints Livres : « La mémoire du juste sera accompagnée de louanges... Elle ne s'effacera point de l'esprit des hommes, et son nom sera honoré de siècle en siècle. » (Prov. x, 7 ; Eccl. xxxix, 13.)

Déjà en possession de plusieurs documents conservés dans la famille de M. Coindre, ainsi que de diverses notes laissées par quelques-uns de ses enfants spirituels, nous nous sommes mis à l'œuvre avec l'espoir que Dieu daignerait bénir nos faibles efforts. Dans ce but, nous avons interrogé les derniers survivants de ses compagnons d'apostolat, qui avaient bien pu apprécier son mérite ; nous nous sommes aussi livré à de consciencieuses recherches, presque toujours couronnées de succès, et par là, nous avons pu nous procurer de précieux renseignements, des matériaux d'une grande valeur.

Ce sont des prélats, des ecclésiastiques distingués, la plupart anciens auxiliaires du P. Coindre, qui nous les ont fournis.

Puissent ces pages, écrites avec le désir de glorifier Dieu dans ses amis, faire connaître un homme dont la vie fut si riche en dévouement et en mérites et accroître dans les cœurs l'amour de

Jésus-Christ et des âmes! Puissent-elles aussi inspirer à ses familles religieuses l'estime de leur sainte vocation, et perpétuer parmi elles l'esprit de foi, de zèle et d'abnégation qu'avec l'exemple de ses vertus il s'efforça de leur léguer comme héritage!

Dans le cours de cet ouvrage, nous avons quelquefois donné le nom de saint au P. Coindre... Il est bien entendu qu'en nous exprimant ainsi, nous nous sommes conformé à la manière ordinaire de parler, sans avoir l'intention de donner une qualification qui ne peut légitimement émaner que de l'Eglise.

VIE

DU

PÈRE ANDRÉ COINDRE

CHAPITRE PREMIER

Naissance. — Enfance. — Premières études de M. Coindre.

ANDRÉ COINDRE naquit à Lyon, le 26 février 1787. Ses parents demeuraient dans cette ville sur la paroisse de Saint-Nizier. Son père, Vincent Coindre, appartenait à une famille originaire du Dauphiné. Sa mère se nommait Marie Mifllet.

Le surlendemain de sa naissance, le 28 février, on porta l'enfant à l'église Saint-Nizier et il y reçut le baptême des mains de

M. l'abbé Lernoix, vicaire de la paroisse [1]. Il eut pour parrain M. André Moine, de la Guillotière, allié de la famille, et pour marraine Mme Françoise Mifflet, épouse Déduit, sa tante maternelle.

Après la naissance d'André, son fils aîné, Vincent Coindre eut encore deux enfants : une fille nommé Marthe-Marie et un fils qui devait être plus tard l'abbé François-Vincent Coindre, et dont nous aurons à reparler plusieurs fois dans cette notice.

M. Vincent Coindre était un honnête négociant : il tenait un magasin de sel en gros. Son commerce lui permit de faire quelques économies, ainsi que nous le verrons plus tard. Excellent chrétien, il sut, par ses exemples et ses conseils, inculquer dans le cœur de ses enfants ces principes de foi et de religion qui, plus tard, firent de ses fils d'excellents prêtres.

Mme Coindre s'occupait de son ménage et

----

[1] M. l'abbé Antoine-Joseph Lernoix était, en outre, chevalier de la Primatiale. Il fut au nombre des victimes de la Révolution et mourut à Lyon sous le poignard des assassins, en 1792. (*Tableau historique du diocèse de Lyon*, par M. l'abbé Duricux.)

du soin de sa famille. Elle veilla toujours avec la plus tendre sollicitude sur ses enfants, car elle était pénétrée de ce conseil qui se vérifia si complètement pour elle : « Elevez bien votre fils et il vous consolera ; corrigez-le avec soin et il deviendra les délices de votre âme » [1].

Sitôt qu'André fut un peu âgé, elle fit en sorte de ne le perdre jamais de vue. Elle redoutait pour lui les dangers auxquels aurait pu être exposé son caractère ardent et impressionnable, par la fréquentation de certains camarades vivant indisciplinés et comme abandonnés au milieu du désordre révolutionnaire, ou dont les parents avaient embrassé le schisme. Malgré les difficultés d'une époque pleine d'agitations et de troubles, cette mère essentiellement chrétienne sut se préserver et préserver sa famille de la contagion du schisme occasionné par la Constitution civile du clergé. Beaucoup de familles, même respectables, se trouvaient engagées dans ce que l'on appelait pompeusement alors la religion nationale. Mme Coindre, dans son ferme bon

---

[1] *Proverbes*, XXIX, 17.

sens et la vivacité de sa croyance, comprit le danger et sut tenir son fils éloigné de tout ce qui aurait pu porter atteinte à sa foi et à son innocence.

On était déjà en pleine tourmente révolutionnaire. En ce moment où personne n'osait parler de religion ni de Dieu, dans la crainte de se compromettre, Mme Coindre apprit elle même à son fils comment il faut prier et lui enseigna le catéchisme. Mais il fallait pour cela se cacher ; un simple soupçon, une indiscrétion de la part de l'enfant auraient suffi pour créer à cette vaillante femme des ennuis de toutes sortes, peut-être même pour la faire jeter en prison. A Lyon surtout, les cas de ce genre n'étaient pas rares à cette époque où l'on brûlait tous les livres qui renfermaient seulement le nom de Dieu, s'ils avaient trait à une autre religion que celle de l'Etre suprême. Malheur à celui chez qui on aurait trouvé un crucifix ou tout autre objet religieux.

Cependant les assemblées des catholiques étaient fréquentes encore. Comme aux premiers temps de l'Eglise, les fidèles se réunissaient par groupes dans des maisons particulières. On se rendait furtivement à ces assemblées, et là, « un des fidèles, que la sagesse et la piété distinguaient parmi ses frères, était chargé de tenir la place du prêtre, soit pour la prière, soit pour l'instruction, soit pour les conseils de prudence, si nécessaires à cette époque terrible. Chacun sentait sa foi se ranimer, son cœur devenir plus vaillant par l'effet de la prière de tous, et au souffle vivifiant de la parole de Dieu. Lorsque enfin le Ciel avait entendu ces derniers vœux : « Persévérance pour les confesseurs de la foi ! Courage pour les martyrs ! Paix et salut pour l'Eglise !... chaque fidèle se retirait plein de force et d'espérance en Celui qui dompte les flots soulevés, et qui peut, à son gré, arrêter les complots des persécuteurs [1]. »

Le jeune Coindre était d'une nature vive, ardente, mais il avait le cœur droit, bon et porté au bien. Il se montra toujours plein de respectueuse déférence envers ses parents. Aussi, Dieu permit qu'il traversât sain et sauf les nombreux dangers où sa vertu aurait dû périr, durant ses premières années. La

---

[1] L'abbé Durieux.

Providence, qui le destinait au service de l'Eglise et au bien des âmes, veilla constamment sur lui du haut du ciel.

Lorsque le jeune Coindre fut âgé d'environ huit ans, ses parents l'envoyèrent en classe chez un maitre du voisinage dont nous ignorons le nom. Les écoles étaient peu nombreuses. La Révolution, qui prétend aujourd'hui avoir créé, à cette époque, l'instruction populaire, n'avait su faire que des ruines. Plus tard, au moment où Bonaparte s'emparait du pouvoir, on était réduit à constater que la génération qui grandissait avait des « mœurs farouches et barbares, et promettait un peuple féroce ». *(Discours de Portalis au Corps législatif, 15 germinal, an X.)* Nous croyons savoir que le jeune Coindre fut placé chez un de ces bons prêtres qui, ayant refusé le serment, avaient dû quitter leurs paroisses pour se soustraire à la persécution et à la mort, et étaient allés se fixer au sein des grandes villes, où ils se perdaient dans la foule. Là, en attendant des jours meilleurs, ils s'employaient à l'éducation de la jeunesse.

Nous n'avons aucun détail sur la première communion d'André Coindre. Au moment où il était en âge de la faire, quoique la violence de la Révolution se fût déjà calmée, les ministres de la religion ne pouvaient encore exercer leurs fonctions que dans l'ombre, sous peine d'être arrêtés. Il est donc à présumer qu'à l'exemple de la plupart des jeunes gens de son époque, le futur missionnaire reçut, pour la première fois, son Dieu dans un endroit retiré, et de la main de quelqu'un de ces dignes prêtres qui exposaient leur vie pour le salut des âmes.

Une circonstance qui aurait pu perdre notre adolescent fut précisément celle dont Dieu se servit pour lui faire connaitre la vocation à laquelle il l'appelait. La maison qu'habitaient ses parents était voisine d'une auberge. Pour entrer soit dans l'une, soit dans l'autre de ces deux habitations, il fallait passer par une même porte et traverser une cour commune. On sait que le voisinage de ces sortes d'établissements est loin, en général, d'être une occasion d'édification, pour les enfants surtout. Toutefois, l'auberge dont il est ici question n'était, pour l'ordinaire, fréquentée que par d'honnêtes gens, des ecclésiastiques principalement : c'était en quelque sorte l'hôtellerie des prêtres [1].

Quelques-uns de ces apôtres, échappés à la tourmente révolutionnaire, remarquèrent le jeune Coindre à cause de sa physionomie vive et intelligente et de son caractère ouvert et franc. Aussi souvent qu'ils le rencontraient, ils prenaient plaisir à s'entretenir avec lui. Il leur parlait avec un tel à propos que ses interlocuteurs en étaient charmés ; et, voyant de très heureuses dispositions dans ce jeune homme, qui avait d'ailleurs une conduite irréprochable, ils lui suggérèrent la pensée de devenir prêtre. Pensée téméraire et presque étrange, alors que les prêtres étaient hors la loi, mais pensée courageuse et digne d'un grand cœur. Elle germa alors dans plus d'une âme d'enfant, et prépara à l'Eglise cette génération de prêtres qui, au commencement de ce siècle, et sur tous les points de la France, relevèrent le culte et réparèrent les ruines accumulées par la Terreur. On avait cru le catholicisme étouffé, la foi arrachée du cœur du pays ; mais Dieu se formait en silence, au

---

[1] Auberge Saint-Charles.

milieu de la tourmente, des serviteurs qui devaient, en quelques années, relever les vieilles croyances. Les souffrances et le sang des martyrs étaient la semence des futurs apôtres.

André était âgé de 14 ou 15 ans. Les relations qu'il s'était créées avec les voyageurs de l'hôtel Saint-Charles, relations qui devenaient de plus en plus fréquentes, commencèrent à le faire réfléchir et à lui inspirer du goût pour le Sacerdoce. Presque en même temps, la Providence lui ménagea une occasion qui acheva de le décider à embrasser l'état ecclésiastique.

On était déjà arrivé aux premiers mois de 1802, à l'époque où, d'après le Concordat, le culte catholique venait d'être rétabli en France. M. le Curé de Saint-Nizier avait, lui aussi, remarqué son jeune paroissien, et il obtint de ses parents de l'avoir au nombre des enfants de chœur de son église. Le Curé de Saint-Nizier était alors M. Besson qui fut, sous la Restauration, grand vicaire de la grande Aumônerie de France, et, plus tard, évêque de Metz. Un des vicaires de la paroisse fut chargé de faire la classe aux jeunes clercs.

Dès les premiers jours, André se distingua par son application et son goût pour l'étude.

Ses progrès furent rapides, et comme ses condisciples étaient loin de l'égaler, ils en devinrent jaloux, et jaloux à tel point que, lorsqu'ils étaient sortis de classe, ils se vengeaient sur leur camarade, en le maltraitant et en lui donnant des coups. Ces scènes de pugilat se renouvelaient presque journellement, mais Mme Coindre en fut avertie ; elle en informa qui de droit et l'on y mit un terme.

Le goût d'André pour l'état ecclésiastique se prononçait de plus en plus ; sa conduite devenait également chaque jour plus exemplaire. Il était pieux, sage, plein de soumission et de respect pour ses parents et pour les prêtres de la paroisse. Par sa tenue modeste et recueillie, à l'église, surtout pendant les cérémonies religieuses, il édifiait tout le monde. Mais son séjour dans la famille ne pouvait se prolonger longtemps ; car, ayant pris la résolution bien arrêtée d'embrasser l'état ecclésiastique, il lui fallait désormais s'occuper sérieusement des études qui devaient le conduire au but qu'il poursuivait.

On était en 1804. Le jeune Coindre, déjà

arrivé à sa dix-huitième année, fut placé au petit séminaire de l'Argentière, près Lyon. Cet établissement était alors dirigé par les Pères de la Foi. Le R. P. de Brosses en était Supérieur. Parmi les Directeurs, on comptait les RR. PP. Ladavière, Caillat et Barrat.

Dès son arrivée, André Coindre se fit remarquer par sa piété, son ardeur au travail et par les excellentes qualités dont il était doué. Bientôt il prit rang parmi les élèves les plus distingués de ce petit séminaire, qui vit passer sur ses bancs tant d'hommes si connus plus tard. L'année suivante, nous le trouvons inscrit dans les registres de cet établissement comme élève de troisième. A côté de son nom se trouve cette mention : *Élève pieux, appliqué, ouvert ; bonne conduite, succès très satisfaisants.*

L'année 1805-1806, on y voit M. Coindre élève d'Humanités. La moyenne de ses places de compositions lui donne le sixième rang, sur vingt-sept élèves. Il est dit de lui : *Un peu parleur et léger, mais bon cœur, exact à tous ses devoirs.*

La troisième année, son nom est suivi de ces mots : *Un peu susceptible mais très franc ;*

et la dernière fois qu'il est fait mention de lui, on déclare qu'il est : *Pieux, édifiant*. Cette dernière appréciation, jointe aux preuves d'intelligence et de travail que le jeune élève avait données déjà, permettait de croire à une vocation d'ailleurs mûrement réfléchie et faisait espérer une vie active et féconde.

CHAPITRE II

Grand-Séminaire. — Sacerdoce.

Ayant terminé ses études à l'Argentière, M. Coindre entra au Séminaire de Saint-Irénée, à Lyon, le 1er novembre 1809. Son naturel ardent et fier était désormais, sinon dompté, du moins assujetti à l'empire de la raison et de la vertu. Que de sacrifices, que de luttes dut lui coûter cette difficile victoire! Toute sa vie il en goûtera les fruits précieux : la vertu jouit en paix de ses glorieux triomphes ; et dans ceux qui savent l'apprécier, elle laisse toujours des impressions profondes, d'ineffables consolations.

Tous les vénérables ecclésiastiques qui nous ont parlé de M. Coindre, comme séminariste, sont d'ailleurs unanimes pour nous affirmer qu'il fut toujours un sujet d'édification pour ses condiciples. « Au Grand-Séminaire, nous disait le cardinal Donnet, la vie de votre Fondateur fut des plus exemplaires, à tous les points de vue. Il y fit de très bonnes études. Après qu'il l'eut quitté, on le proposait souvent comme modèle à tous les élèves du sanctuaire. Exaltez donc ses vertus; mais parlez surtout de sa foi vive, de sa grande piété, de son amour pour Notre-Seigneur et de sa tendre dévotion pour la Très Sainte-Vierge. »

Aux vertus sacerdotales, un ministre du Seigneur doit joindre les connaissances les plus solides et les plus variées : il faut qu'il soit un prince de l'intelligence et surtout un propagateur infatigable de la vérité. Appelé à être un jour placé au milieu des populations, M. Coindre s'efforçait de faire une ample provision de savoir, de lumières et de sagesse, afin d'être en état de les instruire et de les guider dans le chemin du ciel. De là, cette ardeur, ce travail opiniâtre, cette avidité qu'il eut pour les sciences divines. Elles firent ses délices et furent pour lui des sources abondantes où il puisa ces sublimes enseignements qu'il devait bientôt répandre dans les populations avec autant de zèle que de succès.

M. Coindre était heureux au Séminaire. Tout y était conforme à ses goûts et y favorisait les aspirations de son cœur, qui maintenant s'épanouissait en pleine liberté. Le silence, les méditations solitaires, la paix profonde dans l'étude, la charité avec les condisciples, les exercices spirituels, les leçons données avec autant de sagesse que de dévouement, tout était pour lui plein de charmes. Dans le calme de la retraite, son âme subissait les plus heureuses influences et se fortifiait sous l'action salutaire de la grâce.

Déjà, le 20 avril 1806, pendant qu'il était encore au petit séminaire, André Coindre avait reçu la tonsure, à Lyon, des mains de Mgr Jean-Baptiste Canoveri, évêque de Verceil. Le samedi, 21 juillet 1810, il reçut les quatre ordres mineurs des mains de Mgr Simon, évêque de Grenoble. Il ne se liait pas encore d'une manière définitive, mais il franchissait quatre degrés du sanctuaire.

Le pas décisif se fit l'année suivante.

A cette époque, l'Eglise se trouvait dans une situation bien critique : elle était opprimée dans sa liberté et particulièrement dans celle de son chef, prisonnier à Savone. Notre pieux séminariste ressentait vivement les souffrances que l'Eglise éprouvait par l'exil du Père des fidèles ; mais cette tristesse, pas plus que les souvenirs encore vivants de la persécution révolutionnaire, ne pouvaient le décourager. Sa foi et son zèle s'avivaient lorsqu'il songeait à ce que les catholiques avaient souffert et à ce qu'ils pouvaient encore avoir à souffrir.

Quand le moment fut venu, le jeune séminariste se prépara de son mieux, par la retraite et la prière, à cette consécration solennelle de tout son être au service de Dieu. Enfin ses vœux furent accomplis ; le mardi 28 mai 1811, il reçut le sous-diaconat, et le lendemain, 29 mai, il reçut le diaconat. Ce fut encore Mgr Simon, évêque de Grenoble, qui conféra à M. Coindre ces deux ordres. Ce prélat, de passage à Lyon, se rendait à Paris pour assister au concile national convoqué pour le 9 juin 1811. Ce concile ne s'ouvrit que le 17 du même mois, à l'Archevêché de

Paris, sous la présidence du cardinal Fesch. L'Empereur ne le trouva pas assez docile à ses volontés et le fit dissoudre peu de temps après sa réunion.

Le pouvoir civil étant devenu de plus en plus ombrageux à l'égard du clergé, le séminaire de Lyon ne tarda pas à en subir les conséquences. Au moment où M. Coindre y était entré, ce séminaire était dirigé par les prêtres de Saint-Sulpice. M. Bouillaud, un des premiers théologiens de son époque, en était Supérieur. Parmi les Directeurs, il y avait des hommes d'un vrai mérite : il suffit de citer M. Maréchal, devenu depuis archevêque de Baltimore ; M. Royer, qui fut placé, en qualité de Supérieur, à la tête du Séminaire de Clermont ; et M. Cartal, ancien vicaire général du diocèse de Vienne, plus tard Supérieur du Grand-Séminaire de Bordeaux.

La science, la piété, le zèle des Sulpiciens avaient fait du Grand-Séminaire de Lyon un séminaire modèle, mais à la fin de l'année 1811, par suite de tracasseries de la part du gouvernement, le cardinal Fesch fut obligé de remplacer les fils de M. Olier par des prêtres séculiers. La divine Providence lui fit trouver de nouveaux professeurs, tous hommes de grand mérite : MM. Cabuchet, Cholleton, Cattet et Gardette. Ce dernier était un confesseur de la foi : il avait langui deux ans sur les pontons de Rochefort. Ce fut lui qui, peu de temps après, fut nommé Supérieur.

Sous la conduite de ses nouveaux directeurs, M. l'abbé Coindre poursuivit ses études et le travail de sa perfection avec une ardeur toujours croissante. Saintement préoccupé de la mission qu'il aurait à remplir, il trouvait lente à venir l'époque de son ordination ; et à mesure que les jours s'écoulaient, son âme, éclairée d'une lumière plus pure, ressentait avec plus de violence les saints tressaillements qui agitent le cœur d'un jeune diacre et d'un futur apôtre.

Enfin, après une longue attente et une préparation de plusieurs années, l'abbé Coindre put voir briller l'heureux jour, objet de tous ses vœux, terme de toutes ses espérances et des plus ardentes aspirations de son âme. Il fut ordonné prêtre, le dimanche 14 juin 1812, par Son Eminence le cardinal Fesch.

Il célébra sa première messe en présence de ses parents. Qui pourrait dire quels furent ses sentiments de foi, d'humilité, de sainte frayeur lorsque, pour la première fois, il gravit les degrés de l'autel pour immoler la sainte Victime? Pendant l'adorable sacrifice, quels élans d'amour durent, de son âme, s'élever vers le Dieu auquel, depuis longtemps, il s'était consacré avec toute la plénitude de son cœur et de sa volonté! Quelles vives actions de grâces pour les grands bienfaits qu'il en avait reçus, et dont il conservera éternellement la mémoire! Quelles ardentes prières pour obtenir du Seigneur d'être un de ses plus fidèles ministres et pour attirer les bénédictions du Ciel sur son apostolat!

CHAPITRE III

M. Coindre est nommé vicaire à Bourg. — Ses premiers succès comme prédicateur. — Il prononce à Lyon un discours officiel.

Lorsque M. Coindre fut ordonné prêtre, le Pape Pie VII était encore captif, mais toujours ferme dans la défense des droits du Saint-Siège. Poussé par une aveugle ambition, Bonaparte, loin de lui rendre la liberté, ordonna qu'il fût conduit en France et transféré à Fontainebleau où il arriva le 20 juin 1812 : ce fut un abus de pouvoir inqualifiable, un odieux attentat qu'on ne saurait trop flétrir.

Cependant, malgré la persécution exercée

contre le Pape, contre plusieurs évêques et bon nombre d'ecclésiastiques, jetés en prison ou envoyés en exil, on pouvait, sans trop de difficulté, pourvoir aux besoins religieux des populations. Les pasteurs, revenus dans leurs paroisses, se livraient paisiblement aux fonctions de leur saint ministère, et l'abbé Coindre devait être bientôt placé dans l'une des paroisses les plus importantes du diocèse.

M. Bochard, ancien curé de la ville de Bourg-en-Bresse, et alors grand vicaire du cardinal Fesch, avait rempli, durant quelques mois, après le départ des Sulpiciens, les fonctions de Supérieur du Grand-Séminaire. C'est là qu'il avait apprécié M. Coindre, distingué en lui les vertus qui caractérisent le saint prêtre et reconnu tous les talents qui assurent le succès à la parole du prédicateur. Aussi, peu de temps après son ordination, l'envoya-t-il à Bourg [1], en qualité de premier vicaire, fonctions qu'il remplit jusqu'en 1815.

Déjà, pour M. Coindre, commençaient les

---

[1] A cette époque, le département de l'Ain faisait partie du diocèse de Lyon, dont il ne fut séparé qu'en 1823, par le rétablissement de l'évêché de Belley.

grandes préoccupations du saint ministère, en même temps que cette vie de travail, de sacrifices et de prière qui devait féconder le vaste champ du Père de famille. Il arrivait dans une ville importante, qui ne formait qu'une seule paroisse, et dans laquelle la tourmente révolutionnaire avait accumulé les ruines. Aucune œuvre catholique, aucune association religieuse n'étaient restées debout à Bourg. La piété vive et sensible du jeune vicaire, sa bonté compatissante pour les malheureux, son zèle pour le salut des âmes, sa charité inépuisable, ses instructions pleines de force et d'onction lui acquirent, en peu de temps, les sympathies universelles et lui créèrent une autorité qui a laissé des souvenirs encore subsistants.

M. Chapuis était alors curé de Bourg. Pasteur savant et pieux, ayant un art particulier pour connaître les hommes, il aperçut bientôt dans M. l'abbé Coindre un rare ensemble de qualités et de vertus sacerdotales. Il fut heureux d'avoir un jeune prêtre qui le secondât avec autant de piété, de sagesse et de dévouement. Pour deuxième vicaire, il avait M. l'abbé Rossat, homme distingué aussi sous tous les rapports, et qui devint plus tard curé-archiprêtre de la métropole de Lyon, et successivement évêque de Gap et de Verdun.

L'avenir de M. Coindre devait être moins brillant que celui de ce dernier prêtre, parce que sa vie devait être plus courte ; mais quoiqu'il dût agir dans une sphère moins élevée, ses qualités, ses vertus et son zèle apostolique jetèrent néanmoins un vif éclat, servirent la cause de la vérité et contribuèrent au triomphe de la foi : c'est ce que nous verrons plus tard. Pour le moment, qu'il nous suffise de faire observer que ce fut à Bourg que se révélèrent, et ses talents, et son goût bien prononcé pour la chaire. Là, plusieurs discours remarquables qu'il avait prononcés attirèrent l'attention sur lui, et décidèrent sa vocation pour les missions auxquelles il devait consacrer sa vie avec toutes les pieuses et viriles ardeurs de son âme.

Suivant un décret du 19 février 1806, on devait, le premier dimanche du mois de décembre, célébrer avec pompe l'anniversaire du couronnement de l'Empereur et celui de la bataille d'Austerlitz. Ce jour-là, il était d'usage, dans les grandes villes, qu'un prédicateur de mérite montât en chaire et y prononçât un discours sur la gloire des armées françaises. Il était dans les prescriptions comme dans les convenances de ne pas oublier le héros qui promenait, de capitale en capitale, à la tête de ses légions triomphantes, ses aigles jusque-là invaincues. A Lyon, ce panégyrique avait lieu devant tout ce que la ville possédait d'hommes considérables ou importants dans les administrations, dans les tribunaux, dans l'armée, dans le commerce, etc. Le Cardinal Archevêque, oncle de l'Empereur, était entouré de ses Grands-Vicaires, du Chapitre métropolitain et des autres principaux membres du clergé.

En 1813, M. l'abbé Coindre, encore simple vicaire à Bourg, fut appelé à Lyon pour prononcer ce discours officiel [1]. Le jeune

---

[1] Des personnes dignes de foi ont affirmé que l'Empereur, ce jour-là de passage à Lyon, était présent à la cérémonie. C'était peu de temps après la sanglante bataille qui eut lieu non loin de Leipzig, et où, malgré des prodiges de valeur et d'habileté, l'armée française éprouva des pertes immenses. Echappé au désastre, Napoléon rentra dans Paris le 9 novembre 1813.

orateur avait pris pour texte de son discours ces paroles de l'Exode : « *Habebitis hunc diem in monumentum et celebrabitis eum solemnem Domino in generationibus vestris cultu sempiterno.* » (Exode, chap. 12, v. 14.) Cette solennité servira de monument public de la protection du Seigneur; vous la célébrerez de race en race par un culte éternel à la gloire du Très-Haut.

Il traita son sujet avec beaucoup d'ampleur, d'adresse et d'éloquence. La tâche n'était point facile, du moins à qui ne voulait pas se contenter de plaire et de flatter. L'Empereur avait de nombreux titres à la reconnaissance publique; il n'en avait guère moins à la sévérité de l'histoire, si bien qu'on eût pu lui appliquer ces deux vers célèbres :

> Il a trop fait de bien pour en dire du mal,
> Il a trop fait de mal pour en dire du bien.

M. l'abbé Coindre prodigua les éloges pour le bien, mais il ne négligea pas les avertissements pour le mal, et, avec une grande habileté de langage, il donna des leçons de la plus haute sagesse, présentant en traits vigoureux le tableau des vicissitudes de la fortune et de la gloire humaines « qui vont s'ensevelir dans la poussière du tombeau », comme l'enseigne le prophète royal.

Rappelant d'abord les services que le chef de l'Empire avait rendus à la patrie et à l'Eglise, l'abbé Coindre dépeignait ce héros comme « conduit par le Tout-Puissant, et revêtu d'une force invincible à la tête de nos armées, avec lesquelles il assembla les débris épars de la nation, repoussa les ennemis du dehors, apaisa les guerres intestines, recueillit les ministres dispersés, rendit au sacerdoce ses autels et au peuple français ses solennités et ses temples. »

Puis, pour établir l'action bienfaisante et perpétuelle que la religion exerce sur l'ordre social et sur le bonheur des peuples, comme sur la puissance et la prospérité réelles des empires, il fit entendre de vigoureux accents dignes des plus grands orateurs chrétiens. S'inspirant de Bossuet, l'abbé Coindre rappela ensuite ces chocs formidables, ces grandes catastrophes qui changent le sort des empires et des nations. Comme lui, il exalta la puissance de « Celui dont les coups de tonnerre font mourir les royaumes mêmes,

et tomber les trônes les uns sur les autres
avec un fracas effroyable, pour nous faire
sentir qu'il n'y a rien de solide parmi les
hommes et que l'agitation et l'inconstance
sont le partage des choses de ce monde. »

CHAPITRE IV

Nous avons vu l'abbé Coindre se faisant connaître comme orateur distingué. Il fut dès lors recherché, et ses discours avaient une efficacité merveilleuse sur les cœurs. Les vérités dont il s'était nourri par une profonde et habituelle méditation, il avait le secret de les communiquer avec force à ses auditeurs et de les leur faire goûter. Aussi le Seigneur avait-il daigné bénir les premiers travaux de son ministère. Du reste, jeune encore — il avait à peine vingt-sept ans — il s'humiliait dans ses succès et travaillait à se perfectionner de plus en plus. Sa science, son talent et sa vertu se développaient chaque jour sous l'influence de la grâce et sous l'impression de la haute idée qu'il s'était formée du sacerdoce et de ses devoirs.

En 1815, M. Bochard qui, plus d'une fois, avait admiré la puissance et l'éclat de la parole de son ancien élève, l'appela pour prêcher la station de l'Avent à la Primatiale de Lyon. L'abbé Coindre s'empressa de répondre à cet appel, heureux de donner un libre essor aux élans de sa foi et de son zèle. Répandre partout le trop-plein dont son cœur débordait, n'était-ce pas d'ailleurs l'objet de tous ses désirs ? « La foi, dit Mgr Mermillod, tend à se manifester comme le soleil à rayonner, comme le torrent à rouler ses flots, comme la fleur à exhaler son parfum, comme l'oiseau à faire entendre ses mélodieux accents. »

Cette station fut suivie par une grande affluence de personnes, appartenant à toutes les classes de la société ; elle fut couronnée

par les plus heureux résultats. Les vertus éminentes du jeune apôtre, non moins que sa parole
ardente et lumineuse, avaient rendu son apostolat déjà fécond et lui préparaient des succès
encore plus éclatants.

A la suite de ce succès, le vénérable M.
Courbon, premier vicaire général du diocèse,
voyant chez M. Coindre une grande aptitude
pour la chaire et un goût bien prononcé pour
les missions, l'engagea à s'associer avec
quelques confrères de M. Rauzan, restés à
Lyon, Maison des Chartreux, à l'époque où
furent interdites les missions en France.
L'abbé Coindre accueillit cette proposition
avec joie, persuadé que là, en contact avec
des prêtres savants et pieux, unis dans les
mêmes pensées et animés des mêmes sentiments, il pourrait retremper son âme dans
l'esprit de sa vocation, acquérir plus de
lumières et d'expérience dans l'exercice du
saint ministère.

Il se rendit donc aux Chartreux à la fin de
1815. Cette maison comptait alors, entre autres
missionnaires, M. Gagneur, qui remplissait
les fonctions de curé de la paroisse de Saint-
Bruno, M. Fauvette et M. Montagnier qui

l'aidaient dans la direction de la paroisse et se livraient en même temps, au dehors, à la prédication et à des œuvres de zèle. Mais avant de parler de M. Coindre comme missionnaire, nous allons retracer l'origine de la Société des Chartreux.

Après plusieurs tentatives qui n'avaient point abouti, Son Eminence le cardinal Fesch, en 1806, put enfin mettre à exécution le projet qu'il avait formé d'établir une société de prêtres destinés à l'enseignement et à la prédication. Il mit à leur tête M. l'abbé Rauzan, prêtre Bordelais, qui s'était fait entendre avec un immense succès dans plusieurs grandes chaires, et tout récemment dans la métropole de Lyon, où il avait prêché le carême. Ce célèbre prédicateur et ses collaborateurs furent installés, par le cardinal Fesch lui-même, dans la maison des anciens Chartreux, qui garde encore leur nom.

En peu de temps, la nouvelle Société devint florissante. Depuis trois ans, elle accomplissait son œuvre avec beaucoup de fruit, lorsque, tout à coup, le 26 décembre 1809, du palais de Schœnbrunn, en Autriche [1], un

---

[1] C'est dans ce palais que mourut le Roi de Rome en 1832.

décret, lancé comme la foudre, brisa toutes
les espérances. Par ce décret, l'Empereur
supprimait toutes les maisons de missions
récemment fondées ou restaurées en France,
et généralement toutes les congrégations
d'hommes : Sulpiciens, Lazaristes, Pères de
la Foi, etc. Inutiles furent les instances du
Cardinal pour sauver au moins sa petite et
naissante communauté des Chartreux : il ne
put désarmer l'inflexible volonté de son neveu.
Néanmoins, dans l'espérance de voir son
œuvre se relever dans un prochain avenir, il
laissa quelques missionnaires aux Chartreux
pour le service de la paroisse de St-Bruno.

Quant à M. Rauzan, il alla fixer sa résidence à Paris, dans l'hôtel que possédait le
Cardinal Fesch, rue du Mont-Blanc. Il fut
suivi par plusieurs membres de la Société
dissoute; de ce nombre fut M. Guyon, que nous
retrouvons plus tard Jésuite et missionnaire
au Puy. Là se rendaient aussi MM. de Quélen,
de Forbin-Janson, de Sambucy, Fraissinous,
Feutrier et autres prêtres de distinction qui,
en attendant des jours meilleurs, se préparaient
dans la prière, le recueillement et l'étude, à
de nouveaux combats.

En 1816, plusieurs confrères de M. Rauzan,
restés à Lyon, après la dissolution de la Société, se rendirent à Paris pour y rejoindre
leur ancien Supérieur, et jetèrent avec lui les
premiers fondements de la Société des Missionnaires de France. M. Coindre, qui avait
déjà travaillé avec plusieurs de ces religieux,
fut vivement pressé par eux de les aller rejoindre ; mais il préféra rester aux Chartreux, où
de jeunes prêtres, sous les auspices du cardinal Fesch, fondèrent une nouvelle Société.

L'association fut établie sous le vocable de
Saint-Irénée et sur le modèle des Oblats de
Saint-Charles, à Milan. Elle fut inaugurée le
4 août, fête de saint Dominique, et installée
aux Chartreux. Elle se composait de MM. de
la Croix d'Azolette, directeur du Grand-Séminaire ; Mioland, maitre des cérémonies dans
la même maison ; Coindre, qui se trouvait déjà
aux Chartreux ; Barricand, directeur du Petit-
Séminaire de l'Argentière ; Chevallon, préfet
d'études dans le même établissement ; Furnion,
curé de Cerdon ; et Ballet, encore sous-diacre.
MM. Donnet, Dufètre, de Lupé, et plusieurs
autres, vinrent bientôt se joindre à eux.

M. de la Croix d'Azolette fut d'abord Supérieur de la nouvelle Société ; mais, peu de temps après, il fut remplacé par M. Mioland qui remplit cette charge jusqu'au mois de mai 1838 [1].

« La première pensée de la nouvelle colonie des Chartreux fut de se préparer, par les exercices de la retraite, aux œuvres importantes qui allaient lui être confiées. Le prêtre ne fait pas son œuvre, il accomplit celle de Dieu. De là, pour lui, la nécessité de se recueillir dans la solitude pour demander au Maître qui l'envoie la parole qui doit descendre de ses lèvres et l'esprit qui seul peut l'animer. » *(Desgeorge.)*

Préparer des missionnaires habiles et solidement vertueux, diriger les petits-séminaires, favoriser les vocations à l'état ecclésiastique, tel est le triple but que se propose la Société. Dès 1818, un noviciat fut établi en vue de former les jeunes gens désireux de faire partie de cette association. D'après leurs statuts, les missionnaires de Lyon se lient par un double

---

[1] A cette époque, M. Mioland fut nommé évêque d'Amiens, et, en 1851, archevêque de Toulouse.

vœu : d'obéissance envers l'Archevêque, et de stabilité perpétuelle dans la Société. Ce fut en 1820 que ces vœux furent émis pour la première fois.

CHAPITRE V

Le P. Coindre est employé à l'œuvre des missions. — Paroisses qu'il évangélise dans le diocèse de Lyon. — Quelques détails sur les missions d'Anse et de Saint-Étienne.

C'ÉTAIT un beau spectacle qu'offrait alors la Société des Chartreux. On y voyait naître et grandir une pépinière d'apôtres, tous animés de l'esprit évangélique et donnant à la vertu tout son charme et tout son éclat. Ce fut là que, par l'étude et les exercices d'une solide piété, le P. Coindre acheva de se former au ministère de la prédication, brûlant du désir d'être, plus que jamais, l'un des plus intrépides défenseurs de la vérité, à une épo-

que où elle était en butte aux attaques les
plus violentes.

Le P. Coindre vécut dans cette Congrégation depuis 1815 jusqu'au mois de juin 1822,
époque à laquelle il se retira à Fourvière.
Durant ce temps, il évangélisa, dans le diocèse de Lyon, les paroisses dont les noms
suivent :

En 1816 { Saint-Just-la-Pendue.
Saint-Just, à Lyon.

1817 { Saint-Sauveur.
Belleville.

1818 { Saint-Germain-Laval.
La Guillotière.
Tarare.

1819 { Chalamont.
Saint-Chamond.
Ambierle [1].

En 1820 { Millery.
Bourg-en-Bresse.
Saint-Just-en-Chevalet.
Chavanay.

---

[1] Plus une retraite dans chacun des cinq petits
séminaires du diocèse : Alix, l'Argentière, Mexi-
mieux, Saint-Jodard et Verrières.

1821 { Pont-de-Vaux.
Saint-Etienne (N.-D.)
Saint-Didier-sur-Rochefort.

1822 { Anse.
Loire.
Montluel.
Saint-Maurice-en-Gourgois.

Dans toutes les missions qu'il donna et dont il fut toujours le Supérieur, il eut pour principaux auxiliaires MM. Donnet, Dufètre, Delphin, de Lupé et Ballet. Ce dernier ne le quitta presque jamais.

La première mission à laquelle le P. Coindre prit part fut celle de Saint-Just-la-Pendue et la seconde, celle de Saint-Just, à Lyon. Là, le jeune apôtre, dont la mâle éloquence allait toujours grandissant, remporta un véritable triomphe. Il était déjà l'orateur désigné des grandes circonstances; il fut donc chargé, le jour de la clôture de la mission, de prêcher la *plantation* de la croix. « L'étendue de sa voix, dit le P. Ballet, la solennité de sa parole, le firent dès lors appeler un nouveau Bridaine ; depuis la mort (1767) de cet illustre missionnaire, aucun prédicateur, en France, ne le rappela si bien que le P. Coindre. » Dans toutes ces missions, le P. Coindre obtint toujours les plus heureux résultats ; mais il en est deux, celle d'Anse et celle de Saint-Etienne, qui méritent surtout d'être mentionnées.

La mission d'Anse est une des plus brillantes que le P. Coindre ait données dans le diocèse de Lyon. Elle s'était pourtant ouverte sous les plus tristes auspices. Les premiers jours, les habitants de cette paroisse ne montrèrent qu'une froide indifférence pour la parole de Dieu. Les auditeurs se présentèrent d'abord en si petit nombre que les missionnaires furent sur le point de suivre le conseil du divin Maitre : « Si, dans une ville, on ne vous reçoit pas, ou que l'on n'écoute pas vos paroles, secouez la poussière de vos pieds, sortez de cette ville. » (Saint Matthieu, ch. x, v. 14.)

Toutefois, loin de se décourager, ils résolurent de poursuivre leur œuvre. Après avoir prié Dieu de bénir leurs efforts et leur bonne volonté, ils lui remirent complètement le succès de l'entreprise, continuant sans inquiétude le cours de leurs instructions. Ils ne tardèrent pas à recevoir la récompense de leur foi et de leurs prières : l'affluence des fidèles s'accrut et, peu à peu, devint si grande

que l'église pouvait à peine les contenir. La
parole des prédicateurs, ou plutôt la grâce,
avait remporté un éclatant triomphe; les
cœurs qu'elle avait conquis furent heureux
de se soumettre à son doux empire. Le jour
de la clôture, où l'enthousiasme était à son
comble, eut lieu l'érection solennelle d'un
monument consacré à perpétuer la mémoire
d'un Dieu mort pour le salut des hommes.
Ici encore, le discours sur ce sujet fut prononcé par le P. Coindre; et la puissance de
sa voix lui permettant de se faire entendre
en plein air, par un immense auditoire, il
parla du haut d'une croisée.

Parmi les nombreuses conversions qui
eurent lieu durant cette mission, il en est une
qui mérite d'être signalée : celle d'un homme
des plus influents de l'endroit. Son amour
excessif pour les biens périssables de ce
monde et une coupable indifférence le tenaient
loin de Dieu depuis longtemps. Sa famille
avait fait de vains efforts pour obtenir son
retour aux pratiques de la foi. L'un des missionnaires était son parent. Il profita de cette
circonstance pour lui faire une visite, et l'engagea à venir à l'église pour entendre un

grand orateur. — « Un grand orateur ? J'irai, par pure curiosité, dit le récalcitrant, mais ce sera tout : la religion, c'était bon au temps de nos aïeux, mais aujourd'hui, on sait à quoi s'en tenir. »

A l'église, notre curieux prit place près de la porte, bien résolu de ne pas rester long-temps. Ce jour-là, le P. Coindre devait se faire entendre et prêcher sur la mort, sujet qu'il traitait toujours avec tant de force et d'une manière si touchante que les cœurs, même les plus insensibles, en étaient vive-ment impressionnés. Le nouvel auditeur eut les yeux constamment fixés sur lui, et l'on s'aperçut bientôt, à l'altération de ses traits, qu'il était sous l'empire d'une émotion pro-fonde. Non seulement il resta jusqu'à la fin du sermon, mais il ne manqua aucun de ceux qui suivirent ; et, depuis ce jour, il se montra l'un des plus assidus aux exercices de la mission, prenant place, non plus près de la porte de l'église, mais dans le chœur. Son recueillement et sa piété étaient une preuve éclatante de sa conversion ; on le voyait, entouré de plusieurs membres de sa famille, un livre à la main, heureux de chanter les miséricordes et les louanges du Seigneur.

La mission de Saint-Etienne eut lieu, nous l'avons dit, en 1821. Dans cette ville, il n'y avait alors que trois paroisses : Saint-Etienne, Notre-Dame et Sainte-Marie.

A Saint-Etienne, les prédicateurs furent : MM. Mioland, Dufêtre, Barricand et Cheval-lon; à Notre-Dame, MM. Coindre, Donnet, Ballet et Delphin; à Sainte-Marie, MM. Furnion, Carron et Cantal. Ces onze ouvriers évangéliques rivalisèrent de zèle et de dévoue-ment durant près de deux mois. Voici une relation de leurs travaux; ce récit, plein d'in-térêt, est dû à la plume de M. Desgeorge, supérieur des missionnaires de Lyon.

« La vaste cité de Saint-Etienne, qui compte aujourd'hui plus de cent mille habi-tants, avait alors une population qui allait à peine à trente mille. Elle était déjà un grand centre d'industrie, mais elle n'avait pas encore vu arriver à elle ces multitudes d'étrangers qui devaient porter un coup si funeste à son esprit patriarcal, tout imprégné de foi.

« A la première annonce d'une mission, ses habitants s'ébranlèrent; bientôt la foule se pressa dans chacune de ses églises paroissiales, et les missionnaires comprirent, dès les premiers jours, que la moisson réservée à leur zèle serait abondante. Mais, dans une grande cité où la foi domine, ces faciles triomphes de la grâce ne sont qu'une demi-victoire. Tant de personnes vraiment pieuses qui, même avant l'arrivée des missionnaires, composaient le troupeau fidèle; d'autres, en grand nombre qui, entrainés un instant par la passion, protestaient avec douleur contre leur propre faiblesse; d'autres enfin, qui n'attendaient qu'une occasion favorable pour mettre ordre à une conscience dont elles ne pouvaient plus supporter les amers reproches, c'en est assez pour expliquer ces magnifiques auditoires et pour faire que les tribunaux de la pénitence soient constamment environnés.

« Mais à côté de ces masses dociles, il est des multitudes qui opposent la résistance opiniâtre d'une lutte systématique, ou d'un dédain qui semble plus indomptable encore; et, dans ce nombre, il faut ranger tous ces hommes sans foi, parce qu'ils sont sans doctrine, tous ces infortunés que l'amour de l'or, ou les séductions du cœur, ou une fortune mal acquise, ou le besoin de la vengeance

abusent à ce point qu'ils redoutent de voir se
briser les chaines humiliantes par lesquelles
ils se sont rendus esclaves; enfin, tous ces
coupables endurcis qui, par le plus terrible
des châtiments, sont venus à bout d'étouffer
et de ne plus entendre les cris du remords.
Les hommes apostoliques qui ont un peu
d'expérience n'ignorent pas ces choses. Aussi
les missionnaires de Saint-Etienne, au lieu
de se laisser séduire par la vue de cette foule
empressée et suspendue à leurs lèvres, jetèrent un regard de tristesse vers ceux qui
manquaient à l'appel et résolurent de frapper
un grand coup.

« Ils annoncèrent que ce n'était pas trop de
toutes les forces réunies pour essayer d'arracher à l'enfer la proie qu'il disputait au ciel;
que tous ceux qui avaient quelque souci de
la gloire de Dieu et du salut de leurs frères
devaient redoubler de zèle et mettre leurs
prières en commun; que, dorénavant, tous
les jours et à des heures fixées par avance, la
cloche annoncerait que le moment de prier
pour les pécheurs était venu, et que chacun,
foulant aux pieds les timides craintes du
respect humain, devait, au son de cette

cloche, tomber à genoux, et jeter sa prière dans la balance pour servir de contre-poids à tous les désordres qui provoquaient la colère divine.

« C'est alors que Saint-Etienne put contempler un spectacle digne des plus beaux âges de foi. Dans les rues, sur les places, partout on voyait des chrétiens à genoux, priant pour ceux qui ne priaient plus. Dès ce jour, la victoire fut gagnée. Le ciel se laissa désarmer et envoya à la terre un immense pardon.

« Les missionnaires ne pouvaient plus suffire à la tâche. Les plus robustes étaient accablés, et l'un d'eux, le plus infatigable peut-être, M. Dufêtre, disait ensuite, en parlant de cette admirable mission, que, dans la dernière nuit qui précéda la communion générale des hommes, il en était venu à un tel état de lassitude que, pour lutter contre le sommeil, il ne donna jamais deux absolutions de suite, assis à la même place, mais que constamment il passait d'un siège à l'autre, dans la chapelle qui fut témoin de tant de repentirs. »

Au sujet de la même mission, nous sommes heureux de citer la partie la plus intéressante d'une lettre que le cardinal Donnet adressait, le 20 juin 1874, au général de Chabord sur la mort de Jules Janin, membre de l'Académie française. Il lui rappelle que ce spirituel critique « qui ne sut pas assez se prémunir contre les entrainements d'une littérature frivole et malsaine, fut cependant toujours fidèle aux principes chrétiens qui avaient éclairé et réjoui sa jeunesse » ; puis il ajoute :

« Une mission, vous y étiez, mon cher et vieil ami, une mission était prêchée à Saint-Etienne, en 1821. Le jeune Janin, né, non dans cette ville mais à Malleval, bourg le plus pittoresque et le plus poétique des environs de Condrieu, vint passer, à cette époque, quelques jours à Saint-Etienne que son père habitait depuis plusieurs années. J'ai pu lui rappeler un jour qu'il était un des plus assidus aux prédications qui attiraient la foule dans toutes les églises. J'étais le seul missionnaire de sa connaissance ; et c'est moi qu'il fit le confident de ses pensées les plus intimes. Avec quel enthousiasme ne l'ai-je pas vu s'extasier sur l'éloquence de deux prédicateurs de cette mission ! Il comparait l'un à M. Fraissinous, le célèbre conférencier de

Saint-Sulpice, et le second (le P. Coindre) au
P. Bridaine.

« Un soir que l'église principale avait été
réservée aux hommes seuls, l'orateur sacré,
en prêchant sur la vérité de l'enfer et sur la
nature de ses peines, impressionna tellement
son auditoire, que personne ne semblait vouloir quitter la place où la voix tonnante de
M. Coindre l'avait comme enchaîné. La nuit
entière fut consacrée à entendre les confes-
sions. M. Jules Janin m'a dit n'avoir jamais
perdu de vue ce souvenir, pas plus que celui
des trois mille Stéphanois qui, le jour de
notre départ, se placèrent devant les chevaux
des deux diligences, et escortèrent, un livre
de cantiques à la main, leurs évangélisateurs
jusqu'à Saint-Chamond. » (*Œuvres du cardinal Donnet*, t. x, p. 442.)

Durant cette mission, le P. Coindre avait
si bien conquis l'admiration et la confiance de
ses auditeurs, que ceux-ci, poussés par un
sentiment de reconnaissance et de vénération,
voulurent le porter en triomphe au lieu où il
devait prêcher la *plantation* de la croix. La
modestie du saint missionnaire ne lui permit
pas de se rendre à leur désir ; mais il eut bien

de la peine à éviter un honneur dont il se croyait indigne.

De semblables témoignages de sympathie et de respectueuse affection lui furent souvent donnés dans plusieurs paroisses où, comme à Saint-Étienne, il avait émerveillé les esprits, touché profondément les cœurs.

Oh ! qu'il est beau de voir ainsi se manifester les transports de la foi et l'admiration des multitudes ! A la religion, à la vertu seule appartient la puissance de transfigurer les âmes et de les soulever vers le ciel, comme le vent soulève la poussière du chemin.

CHAPITRE VI

—

A réputation du P. Coindre allait grandissant de plus en plus. La sainteté de
sa vie, son inépuisable charité, non moins que
ses discours pleins de logique et d'éloquence,
justifiaient au reste son succès prodigieux.

A Lyon, où il prêcha souvent dans les principales églises, les fidèles accouraient en foule
pour entendre cet homme vraiment apostolique dont la parole lumineuse et ardente

exerçait, chaque jour, une domination plus active et plus salutaire sur les âmes.

En 1818, il prononça le panégyrique de saint Bonaventure dans l'église qui porte ce nom. Ce panégyrique fut fort applaudi. « Lorsqu'il le prononça, j'étais du nombre de ses auditeurs, dit le P. Ballet, et il me semble encore entendre le commentaire de ces mots du concile de Lyon (1274) : *Cecidit columna christianis talis;* elle est tombée la colonne de la chrétienté... »

Voici un extrait de ce beau commentaire :

« Alors tous les prélats, tous les cardinaux, tous les ambassadeurs, tous les princes, le souverain même du royaume versèrent des larmes sur son tombeau. Les murs de Lyon et ceux de notre patrie, couverts de deuil, retentirent de mille gémissements. De toutes parts, on entendait les voix lugubres des Grecs comme des Latins, qui exprimaient leur juste douleur par ces paroles que l'histoire a conservées: *Cecidit columna christianis talis.* Elle est tombée la colonne de la chrétienté ! elle vient de s'éteindre, la grande lumière de l'Eglise ! Bonaventure n'est plus !.... Eglise universelle, ordre de Saint-François, pleurez !

vous avez perdu un de vos plus beaux orne-
ments, un oracle, un docteur, un père. Le
grand, le docte, l'humble Bonaventure est
mort. La colonne de la chrétienté est ren-
versée... Mais que dis-je ? N'est-elle pas
debout cette colonne immortelle ? Ne brille-
t-elle pas parmi celles qui soutiennent le
grand édifice de la Jérusalem céleste ? Il n'y
a que sa dépouille mortelle qui est tombée
comme un vêtement. Son âme s'est élevée
dans les cieux toute rayonnante de gloire.
Elle s'est élevée, et la multitude immense des
peuples et le Concile tout entier, qui assistè-
rent à ses funérailles, et les miracles opérés à
son tombeau attestèrent visiblement que son
âme n'était pas au rang des morts. Elle s'est
élevée, et les horreurs de la peste, cessant
d'effrayer la population de cette grande cité,
à la suite des honneurs rendus aux reliques
du saint, et la piété de nos princes, de nos
rois envers cet illustre Cardinal, et la confiance des enfants de Lyon, qui l'ont pris pour
leur patron et leur ange tutélaire... n'annon-
cent-ils pas qu'il est encore vivant, qu'il n'a
fait que changer de demeure et que du haut
de la gloire qui l'environne, il nous protège

tous, il nous regarde comme ses enfants chéris, comme une portion de son immortelle couronne. »

Du reste, partout où le P. Coindre porta la parole sainte, il fut l'objet du même empressement et des mêmes admirations; partout ses grands moyens d'action ne cessèrent de féconder les travaux de son apostolat. Sans doute, l'œuvre des missions est une œuvre toute divine, et celui qui l'entreprend ne doit attendre le succès que de l'assistance et des bénédictions d'en haut : vérité dont fut toujours vivement pénétré le P. Coindre. Mais à ces puissants secours, qui ne lui firent jamais défaut, il sut joindre merveilleusement toutes les ressources que lui fournissaient les brillantes qualités dont Dieu l'avait si richement pourvu.

Il avait d'ailleurs une habileté remarquable comme missionnaire. Avant de commencer le cours de ses instructions, il étudiait avec sagesse et la nature du terrain où il devait répandre la semence divine, et les moyens les plus efficaces pour obtenir des fruits de salut dans les âmes. Son art était dans la variété et dans l'enchaînement de ses instructions.

Doué d'une imagination riche, inépuisable en idées nobles et grandes, puisées le plus souvent dans la Sainte-Écriture, dont il faisait, depuis sa jeunesse, sa plus constante et sa plus chère étude, il charmait et il entrainait avec l'autorité d'un apôtre. Pour stigmatiser le vice, il trouvait les images les plus vives; pour défendre sans ménagement et sans prudence humaine l'auguste vérité, il prêchait l'évangile en homme puissant sur les esprits et en maitre absolu sur les cœurs.

L'éloquence de l'orateur empruntait aux circonstances un caractère énergique qui secouait toutes les puissances de l'âme. Tableaux frappants, images vives et saisissantes, peintures animées, capables de glacer d'épouvante et d'effroi : voilà ce qui dominait le plus dans ses sermons sur la mort, le jugement, l'enfer, le péché, le vice impur, l'endurcissement du cœur, l'impénitence finale. Aussi, après de tels sermons, voyait-on les plus grands pécheurs, terrassés par sa voix foudroyante et par la grâce, venir se jeter à ses pieds, faire l'humble aveu de leurs fautes et répandre les pleurs du repentir le plus sincère.

« M. Coindre avait le talent d'attirer les

âmes à Dieu, dit le P. Ballet, et, au besoin, il savait frapper un grand coup : c'était lorsque la réussite d'une mission lui paraissait douteuse. Durant plusieurs jours, et à certaines heures du soir, il faisait sonner les cloches, comme au jour des funérailles ; à leurs tintements lugubres, on devait, dans chaque maison, tomber à genoux ; sur les chemins, comme sur les places publiques, interrompre les conversations et prier avec ferveur, pour obtenir le retour des âmes égarées. D'après lui, c'était là le réveil des pécheurs, ou l'agonie et le glas de ceux qui persistaient à vivre dans l'impénitence. »

Avait-il à développer les glorieux mystères de la religion, à parler de Jésus-Christ, de son amour infini pour les âmes, des joies et des triomphes du ciel? Son langage avait alors je ne sais quoi de grand, de sublime, qui impressionnait vivement l'auditoire.

Mais le plus beau de ses sermons est celui qui avait pour sujet : *La gloire et le bonheur du ciel*. M. Mercier, l'un de ses compagnons de missions dans le diocèse du Puy, disait n'avoir jamais rien entendu, ni lu de semblable. On avait l'avant-goût et l'idée d'une

éternelle béatitude lorsqu'on entendait le
saint missionnaire commenter ces paroles de
l'Apôtre : « *Oculus non vidit, nec aures*
« *audivit, nec in cor hominis ascendit...*
« L'œil de l'homme n'a point vu, son oreille
« n'a point entendu, son cœur n'a jamais
« compris tout ce que Dieu a préparé à ceux
« qui l'aiment. » « Oui, ajoutait M. Mercier,
c'était ravissant, c'était sublime! » « C'était
divin, dit un autre témoin. »

CHAPITRE VII

Le P. Coindre fonde une Providence pour les jeunes garçons. — Il fait appel à la charité publique en faveur de cette œuvre. — Il crée une nouvelle Providence pour les jeunes filles. — Il fonde la Congrégation des religieuses de Jésus-Marie.

LE P. Coindre avait puisé dans le Cœur du divin Maître ces saintes affections pour le prochain, cette bonté compatissante, cette charité généreuse qui aiment à se traduire par des actes. Aussi, pour son âme d'apôtre, ce fut un impérieux besoin d'aider à toutes les infortunes, de s'attendrir à la vue de toutes les misères morales. De là, son amour pour l'enfance pauvre et délaissée dont il voulut être l'ange consolateur. De là encore cette active sollicitude qu'il devait étendre à l'œuvre des Écoles chrétiennes, en vue de former et de conquérir des âmes pour le ciel ; car son zèle embrassait tout, dit le P. Ballet.

Frappé du déplorable abandon dans lequel se trouvaient beaucoup d'enfants d'une ville populeuse comme celle de Lyon ; voyant d'ailleurs avec une douleur profonde que ces jeunes êtres, à peine entrés dans la vie, devenaient souvent les tristes victimes de la corruption, le P. Coindre, comme on l'appelait généralement, résolut d'en mettre le plus grand nombre possible à l'abri des atteintes du mal et des mauvais exemples. Les arracher à l'ignorance et à tout le hideux cortège de vices qui l'accompagne toujours ; leur donner la connaissance et l'amour de la religion ; leur inspirer le goût du travail ; leur apprendre un métier, afin qu'ils pussent gagner honorablement leur vie : tels furent les principaux motifs qui le portèrent à établir une *Providence* pour y recueillir ces déshérités de la fortune.

Ce fut en 1817 qu'il put mettre son projet à

exécution. Quinze de ces enfants furent
d'abord reçus dans une cellule des anciens
Chartreux, près de la porte de l'église. Là,
deux métiers à tisser et divers appareils pour
le tissage et le dévidage de la soie furent mis
à leur disposition, et, après avoir été initiés
au genre de travail auquel ils allaient se
livrer, ils se mirent à l'œuvre sous la direction et la surveillance de contre-maîtres capables de les former et de les maintenir dans le
devoir. Oh! comme le cœur du P. Coindre
dut tressaillir de joie, lorsqu'il se vit au milieu
de cette jeune famille qu'il avait adoptée! Ne
fut-il pas heureux, en effet, de voir ces enfants,
arrachés aux dangers de la rue, devenir dociles, laborieux, se livrer avec bonheur aux
pratiques religieuses, trouvant ainsi leur
bien-être physique et moral, goûtant les
joies d'une vie calme, relevée par le travail
et dans la régularité de laquelle ils pouvaient
ressentir les salutaires et fortifiantes influences de la vie de famille.

Bientôt la cellule des Chartreux devint
insuffisante. Pour favoriser les progrès de
l'œuvre, le P. Coindre, en 1818, loua, sur le
cours des Tapis, un local plus vaste et mieux

approprié aux besoins de la nouvelle *Providence*. Cette mesure lui permit de recevoir un plus grand nombre d'enfants et d'établir de nouveaux métiers.

A quelque temps de là, un jeune homme nommé Dufour, vint trouver le P. Coindre pour lui proposer d'établir une filature dont il prendrait lui-même la direction. D'après ses calculs, l'entreprise devait fournir d'assez grandes ressources pour l'œuvre. Cette proposition fut acceptée, et l'on dépensa trois à quatre mille francs pour mettre la filature en état de fonctionner. Mais les espérances annoncées ne se réalisèrent pas. Bientôt même on put juger que cette nouvelle industrie deviendrait ruineuse, les dépenses qu'elle occasionnait dépassant de beaucoup les recettes : elle fut donc abandonnée.

Cependant le P. Coindre voyait avec bonheur son œuvre déjà prospère, et cette œuvre lui permettait de répandre la crainte de Dieu et la piété dans l'âme des enfants auxquels il avait offert un asile.

Mais déjà le local loué aux Tapis n'était plus, à son tour, en proportion avec les développements que l'*Asile* prenait de jour

en jour. Il fallait trouver une autre maison
plus spacieuse et offrant plus d'aisance. La
foi et le cœur généreux du saint Fondateur
ne savaient pas reculer devant les obstacles et
les sacrifices. En 1818, et de moitié avec son
père, il avait acheté une maison et un vaste
enclos, sis au quartier des Chartreux, au-
dessus du fort Saint-Jean, aujourd'hui Cours
des Chartreux, n° 1. C'est là que son œuvre
prendra un nouvel essor. Après les travaux
qu'exigeait cette autre installation, il y trans-
féra, en 1820, sa *Providence* qui, à partir de
cette époque, reçut le nom de Pieux-Secours.

L'année suivante, cette maison fut le berceau de l'Institut des Frères du Sacré-Cœur,
berceau modeste, mais que Dieu devait pro-
téger et bénir.

L'œuvre du Pieux-Secours était en voie de
prospérité; mais un grand nombre des enfants
qu'elle avait accueillis appartenaient à des
familles indigentes, et ses ressources personnelles se trouvaient déjà épuisées. Que faire
en présence de cette pénurie de fonds? Le
zélé Fondateur alla puiser dans les riches et
intarissables trésors de la charité. Sa charité
ingénieuse se chargea de trouver des secours

abondants. L'influence qu'il exerçait, par le prestige de sa parole, concourait au succès d'une institution à laquelle il attachait un vif intérêt. Des âmes généreuses répondirent à son appel. Grâce à leurs libéralités, il lui fut possible de recevoir un plus grand nombre d'enfants, de pourvoir à leurs besoins, d'établir d'autres métiers pour les occuper tous à un travail manuel, et, enfin de les initier à la connaissance de la religion et à la pratique de la vertu.

Ministre dévoué de l'Eglise, le P. Coindre ne croyait pas mieux remplir la haute mission dont il était investi qu'en se faisant, avant tout, l'apôtre de la charité. Et certes, il put bien, en inaugurant ce sublime ministère, s'écrier avec le prophète : « L'esprit du Seigneur est descendu sur moi; il m'a marqué de son onction sainte, et voilà qu'il m'a envoyé évangéliser les pauvres et guérir les cœurs brisés. » (Isaïe, LXI.)

Après avoir organisé l'Institution dont nous venons de raconter l'origine, le P. Coindre voulut encore s'occuper du sort des jeunes filles pauvres et délaissées. Déjà l'expérience lui avait appris à quels périls se

trouvaient exposées ces enfants, les jeunes
orphelines surtout, condamnées à toutes les
douleurs du délaissement et du besoin. Pouvait-il ne pas s'occuper activement de leur
procurer un asile et des secours? Sa charité
inépuisable saura les confier à des âmes
généreuses, prêtes à tous les dévouements et
à tous les sacrifices.

Ce fut, en 1818, qu'il réalisa son dessein.
En même temps, de concert avec Mlle Clau-
dine Thévenet, sa fille spirituelle, qui reçut
le nom de sœur Saint-Ignace, il fonda, aux
Pierres-Plantées, près les portes de la Croix-
Rousse, la Congrégation des religieuses du
Sacré-Cœur, plus tard religieuses de Jésus-
Marie [1]. Sœur Saint-Ignace fut la première
Supérieure de la Congrégation nouvelle.

Le P. Coindre avait dirigé dans les voies
de la sainteté cette âme d'élite, et lorsqu'il
vit l'heure propice, il lui dévoila ses projets
et lui dit avec ce ton d'autorité qui sent l'inspiration et la mission divines : « Ma fille, le

---

[1] En 1847, lorsque le Saint-Siège approuva leur
Congrégation, elles durent changer de nom, afin
qu'il n'y eut pas confusion entre elles et les Dames
du Sacré-Cœur qui étaient déjà approuvées.

Ciel vous a choisie pour mener cette œuvre à bonne fin, répondez à son appel. » Elle répondit pleinement à ses espérances. Dévorée de la soif du renoncement et du désir de pratiquer les œuvres de charité, elle employa toute son influence pour réunir autour d'elle des auxiliaires capables de la seconder dans ses entreprises de zèle. Dieu bénit ses efforts. Encouragée, soutenue par les conseils et le concours actif du P. Coindre, elle put bientôt établir une *Providence* où furent admises des orphelines et des enfants pauvres dont plusieurs étaient abandonnées de leurs parents.

Devenues l'objet d'une sollicitude toute maternelle, entourées de la vigilance et des soins nombreux que suggèrent de saintes affections et la solide vertu, ces enfants furent heureuses de voir le bien-être et les joies innocentes, goûtées sous des regards amis et protecteurs, succéder aux privations de l'indigence et au cruel abandon où les avait jetées la misère ou une indifférence coupable. Avec les bienfaits d'une éducation solidement chrétienne, elles recevaient, en outre, l'instruction proportionnée à leur âge; on les occupait surtout à des travaux manuels pouvant, plus tard, leur fournir un moyen d'existence.

Au mois de juillet 1820, la sœur Saint-Ignace acquit une propriété sur le côteau de Fourvière. C'est là, en face de l'entrée du sanctuaire de Marie, que l'on vit s'élever un vaste bâtiment qui devint la maison-mère de la Congrégation des religieuses de Jésus-Marie. La Providence fondée à la Croix-Rousse y fut transférée. Ces dames ne tardèrent pas d'y établir un pensionnat : les brillants succès qu'elles obtinrent mirent bientôt en relief leur savoir, leurs vertus et leur entier dévouement pour la jeunesse. Depuis lors, elles ont vu leur Société grandir et se répandre non seulement en France, mais dans plusieurs contrées étrangères.

Après avoir organisé et gouverné sa congrégation avec beaucoup de sagesse et de dévouement, la Mère Saint-Ignace, dont la vie était ornée de toutes les vertus, mourut à Lyon le 3 février 1837. Elle était âgée de 63 ans.

Appelées dans divers diocèses de France pour établir des écoles, des pensionnats, des ouvroirs, les Religieuses de Jésus-Marie y ont fondé nombre de maisons. Dès 1842, elles ouvraient des écoles et des orphelinats dans les Indes-Orientales, jusque dans le Lahore, et au pied de l'Himalaya. Pendant que l'émeute saccageait, à Lyon, leurs ouvroirs ou *Providences*, leurs maisons florissaient en Asie : bientôt même l'Espagne et l'Amérique les appelaient.

La Congrégation de Jésus-Marie, sans compter ses maisons de France, a aujourd'hui des établissements près de Barcelone, en Espagne; à Agra, à Mussoria, à Sirdah-nah, dans l'Hindoustan; et dans le Canada, où le nombre de ses institutions s'est considérablement accru.

Les religieuses de Jésus-Marie, comme des missionnaires, sont jalouses d'accepter tout le travail qui leur est offert pour la plus grande gloire de Jésus et de Marie et pour le salut des enfants auxquelles elles vouent avec bonheur leur vie entière, sous tous les climats.

CHAPITRE VIII

L'ÉTABLISSEMENT du Pieux-Secours continuait à répondre assez bien aux espérances du P. Coindre; mais les enfants étaient encore sous la surveillance de maîtres séculiers, auxquels il fallait payer un salaire. Ceux-ci, du reste, plus ou moins intelligents et consciencieux, n'offraient pas toujours toutes les garanties désirables pour les intérêts matériels de l'œuvre, ni non plus pour les besoins moraux et religieux des jeunes apprentis. Aussi, pour atteindre le but qu'il visait depuis longtemps, le P. Coindre résolut de fonder une société d'hommes prêts à consacrer leur existence à l'éducation chrétienne des enfants. Il devait, par là, asseoir son œuvre sur des bases solides et durables.

La Providence, qui met au cœur de ses saints les pensées héroïques, sait aussi leur fournir les moyens de les exécuter. Suscités d'en haut pour éclairer et féconder les âmes, ils ne restent jamais solitaires ; autour de ces astres bénis viennent se grouper, à l'heure marquée, de dociles satellites pour les suivre dans leurs évolutions. Le P. Coindre, tout d'abord, fit part de ses desseins à deux de ses contre-maîtres. Il leur demanda s'ils seraient disposés à se vouer au service du prochain et à la gloire de Dieu, dans l'Institut qu'il se proposait de fonder. L'un d'eux lui avoua sans détour qu'il n'avait aucun goût pour ce genre de vie. Quant à l'autre, Guillaume Arnaud, après un mûr examen, il se déclara tout disposé à le seconder dans l'exécution de son projet : « Je connais le monde, lui dit-il, j'éprouve le besoin de l'abandonner pour toujours ; ce que je souhaite, c'est de me consacrer à Dieu dans la vie religieuse et de me vouer au salut des enfants. » A ce langage si net et si ferme, le P. Coindre, très ému, embrassa le jeune homme et lui annonça qu'il serait le premier membre de la nouvelle Congrégation. Dès ce moment, il lui confia la direction du Pieux-Secours. Après lui avoir donné ses ordres et ses conseils, il se rendit à Saint-Etienne, pour y prêcher la célèbre mission dont nous avons déjà parlé.

Quelques mois auparavant, à l'époque où il donnait une retraite à Belleville, un jeune homme, Claude Mélinond, lui manifesta le désir qu'il avait d'embrasser la vie religieuse. Le P. Coindre, qui reconnut en lui d'heureuses dispositions pour la vertu, l'exhorta à persévérer dans sa détermination, et lui promit de l'admettre au nombre de ses disciples. Peu de temps après, ce jeune homme fut invité à se rendre au Pieux-Secours pour s'y joindre à Guillaume Arnaud. L'un et l'autre furent donc comme les premières pierres de l'édifice que le pieux Fondateur se proposait d'élever.

Originaire de la Rochette, près Gap (Hautes-Alpes), Guillaume Arnaud (frère Xavier) était né le 16 avril 1801. Doué d'un jugement solide, d'un caractère bon et ferme, il se montra homme de foi et homme d'action. Aussi bon administrateur qu'infatigable dans le travail, il rendit de grands services à la Congrégation naissante, dans des circonstances bien critiques, où elle semblait condamnée à une ruine certaine. Comme nous le verrons bientôt, plusieurs charges importantes lui furent confiées. Il s'en acquitta toujours avec un dévouement et une abnégation dignes des plus grands éloges, donnant à ses frères l'exemple de toutes les vertus religieuses. Sauf dans les dix dernières années de sa vie, il fut toujours à la tête de l'établissement des Chartreux, comme chef d'atelier, ou comme directeur. Il est mort à Paradis, près le Puy (Haute-Loire), le 11 mai 1861.

Quant à Claude Mélinond (frère François), il était né à Vaurenard (Rhône), le 1er mars 1799. Doux, bienveillant, d'une aimable naïveté de caractère, il fut un religieux dévoué, humble, plein de zèle pour l'instruction religieuse et le salut des enfants. Il dirigea plusieurs maisons de l'Institut, entre autres celle de Saint-Chély-d'Apcher, qu'il avait fondée vers la fin de l'année 1837. Il est mort à Paradis, le 27 décembre 1852.

Aux deux premiers disciples du P. Coindre, vinrent s'en joindre d'autres, peu de temps après. Ce fut d'abord un jeune homme de Lyon, qui avait déjà fait la classe aux enfants du Pieux-Secours, pendant quelques mois. Il prit le nom de frère Paul. Animé de l'esprit d'obéissance et de foi, solidement vertueux, il se montra toujours l'un des coopérateurs les plus dévoués de l'œuvre naissante.

A cette époque, à Valbenoite, près Saint-Etienne, dans un local appartenant à M. Rouchon, curé de cette paroisse, des jeunes gens au nombre de sept, vivaient ensemble dans une parfaite union et du fruit de leur travail. Or, pendant la mission de Saint-Etienne, le P. Coindre eut occasion de s'entretenir avec eux et de leur faire connaître son projet. Comme ils lui parurent avoir de l'attrait pour la vie religieuse et que, d'ailleurs, il put remarquer en eux des qualités estimables, il leur proposa de s'associer à ses vues de zèle et de se vouer à l'éducation de l'enfance.

Tous le lui promirent ; on convint même, de concert avec M. Rouchon, qu'on fonderait à Valbenoite une maison d'école, dirigée par les membres de la nouvelle Congrégation.

Ces jeunes gens ne tardèrent pas de se rendre aux Chartreux, où le P. Coindre les reçut avec une touchante cordialité, dans l'espoir qu'ils deviendraient de fervents religieux, de bons instituteurs de la jeunesse.

Persuadé que les commencements d'une œuvre décident de son avenir et lui impriment sa physionomie, le saint Fondateur réunit dans sa maison des Chartreux les jeunes gens qui devaient faire partie de la nouvelle Congrégation, afin de leur donner une haute idée de leur vocation et de la mission sublime qu'ils auraient à remplir auprès des enfants. Il leur donna lui-même une retraite. Ils étaient au nombre de dix, savoir : Guillaume Arnaud (F. Xavier), Claude Mélinond (F. François), Victor Guillet (F. Borgia), François Porchet (F. Paul), François Niel (F. Ignace), François Rimoux (F. Augustin), etc. Les quatre autres n'ayant pas persévéré, on n'a pas conservé leurs noms.

La retraite commença le 24 septembre 1821,

et le 30 du même mois, jour de la clôture, le P. Coindre conduisit tous ses Frères au sanctuaire vénéré de Notre-Dame de Fourvière, où il célébra la messe pour eux. Il les consacra à la Très Sainte-Vierge et mit son œuvre sous la protection spéciale de cette bonne Mère. C'est de cette époque que date la naissance de l'Institut des Frères du Sacré-Cœur.

Le P. Coindre, après avoir constitué ses Frères en Congrégation, sous le vocable du Sacré-Cœur, leur donna pour guides la Règle de saint Augustin et les Constitutions de saint Ignace. Il voulait attendre qu'il lui fût possible d'élaborer des règles qui fussent appropriées au genre de vie de ses enfants, car, disait-il « pour une œuvre naissante, ce n'est que l'expérience qui peut dicter les règlements propres à faire connaître ce qu'il faut faire ou éviter... — L'avenir réglera tout, leur disait-il, plus tard; pensez que le bon Dieu a mis six jours à débrouiller le chaos; qu'il faut du temps avant qu'une Communauté naissante puisse s'asseoir sur toutes les bases qui lui conviennent, et qu'il n'y a qu'une grande patience, un grand courage qui puissent faire vaincre tous les obstacles. »

Comme tous les fondateurs d'Ordre et de Congrégations religieuses, le P. Coindre voulut donner à ses disciples un costume qui leur rappelât sans cesse la sublimité de leur vocation et la grandeur des devoirs qu'elle devait leur imposer. Il se proposait, par là, de leur apprendre qu'en quittant les habits du siècle, ils faisaient un premier pas dans la vie religieuse; qu'en acceptant la Croix, au jour de leur profession, ils contractaient l'obligation de la considérer et de l'étudier comme « un livre merveilleux où se résume l'Evangile, qui est l'Evangile en acte, l'Evangile vivant et palpable. » (Mgr Freppel.)

Se séparer du siècle, quitter ses livrées pour se couvrir de celles qui sont la figure du sacrifice et de la mort, ce sont là des actes par lesquels on s'engage à « *se dépouiller du vieil homme et à se revêtir du nouveau* », comme s'exprime saint Paul. De là, en effet, découlent de précieux enseignements qu'il est important de recueillir :

« Le costume religieux est un symbole, dit un pieux écrivain : il doit rappeler d'une manière perpétuelle à celui qui le porte la profession qu'il a embrassée, et lui présenter comme une image en raccourci de la Règle à laquelle il s'est soumis. En déposant les habits du monde, le religieux renonce à toutes les frivolités qu'ils représentent, et mille souvenirs importuns s'en vont de l'âme dès que le corps quitte le costume auquel ils se rattachent...

« L'habit est aussi un obstacle au péché. Entre le monde et le religieux, il met une barrière. Un sentiment d'honneur, encore vivant dans toutes les âmes, oblige celui qui porte l'habit religieux à le respecter et l'empêche de rien faire qui l'avilisse. La tentation s'écartera ordinairement de son passage. Les fondateurs d'Ordre sont trop humbles pour avoir dédaigné de donner cet appui à la vertu de leurs disciples...

« L'habit doit répondre à la profession. Le militaire a son armure. Le moine doit avoir la sienne : car l'un et l'autre ont à combattre. Le soldat est exposé aux balles et aux coups d'épée, et se revêt d'acier. Le religieux doit lutter contre les tentations du monde et les assauts de la chair : il prend le costume de l'humilité, de la pauvreté et de la pénitence... » (Armand Ravelet.)

Le costume des Frères du Sacré-Cœur fut d'abord une lévite noire, un carrick de la même couleur et un chapeau à haute forme. Mais, trois ans plus tard, après la retraite qui eut lieu à Monistrol, au mois de septembre 1824, ils prirent un nouveau costume, mieux en harmonie avec l'austérité de la vie religieuse, et qui, à peu de chose près, était le même que celui qu'ils portent encore.

Un mois ne s'était pas écoulé depuis que le P. Coindre avait réuni ses premiers disciples et qu'il leur avait distribué les emplois, qu'il partit pour aller donner la mission à Saint-Didier-sur-Rochefort. Il avait établi frère Borgia directeur de la Maison du Pieux-Secours ; les frères Xavier, Augustin, François et Paul furent chargés de la direction des ateliers, de l'instruction et de la surveillance des élèves. Le frère Ignace fut nommé directeur de la Maison de Valbenoîte.

Il est dit dans la vie du Bienheureux de La Salle que ce pieux Instituteur des Frères des Écoles Chrétiennes renonça au canonicat qu'il possédait à la métropole de

Reims, pour aller se mettre à la tête de ses Frères, afin de les bien former à la vertu, de leur apprendre à faire la classe aux humbles, à enseigner le catéchisme ; afin aussi de partager leur indigence, leurs peines, et de les soutenir par ses exemples. M. Champagnat, Fondateur des Petits Frères de Marie, s'inspirant des mêmes motifs, marcha sur ses traces.

Mais les disciples du P. Coindre n'eurent pas cet avantage. Leur Fondateur étant continuellement occupé aux missions, ne paraissait que rarement parmi eux, et encore son séjour n'y était que de courte durée. Par son activité, il cherchait bien à suppléer au manque de temps ; pendant ses missions, il écrivait bien souvent à ses fils spirituels pour les encourager et leur donner ses conseils ; mais ces lettres ne pouvaient remplacer ni les entretiens de chaque jour, ni la vie de communauté, ni les leçons si persuasives du bon exemple. Il a fallu une protection bien visible de la Providence pour que cette petite Congrégation ait pu se former et vivre dans les conditions où elle s'est trouvée dès le début et pendant les vingt premières années de son existence.

N'est-ce point, pour une famille religieuse, un gage de prospérité et d'extension futures que le délaissement, les tribulations, le dénuement et la pauvreté de la crèche ?

« Tout ce qui se rattache aux origines d'une famille religieuse et doit en perpétuer le souvenir renferme de grandes et instructives leçons. Il est bon et utile de voir comment sous le souffle de Dieu, une première pensée germe d'abord, puis se développe, traverse les obstacles, se produit enfin et devient féconde. Nous sommes trop faciles à nous persuader que ce sont les hommes qui font tout, tandis qu'ils ne sont que des instruments dans la main qui les mène ; mais lorsque l'œuvre est achevée en dépit de tous les obstacles, que l'arbre a poussé de profondes racines et résisté à tous les orages, que ses rameaux forts et vigoureux offrent une ombre tutélaire, que sa tête se couronne de fruits abondants et délicieux, on aime à se reporter, par la pensée, au jour où une main bénie le plantait en tremblant, et l'on éprouve instinctivement le besoin de faire monter sa reconnaissance jusqu'à Celui qui, du haut du ciel, lui a prodigué si généreusement sa rosée, son soleil et ses pluies. » (Desgeorge.)

Cependant, à Valbenoite, certaines difficultés venaient de surgir, et le curé de la paroisse les avait fait naitre. Empiétant sur les droits du P. Coindre, il prétendait gouverner les Frères qui dirigeaient l'école, comme s'il en eût été le Supérieur. Là-dessus, des lettres furent échangées, mais on ne put aboutir à aucune voie de conciliation. Bien plus, loin de se rendre aux désirs, d'ailleurs bien légitimes du P. Coindre, M. Rouchon engagea les Frères à former, sous sa conduite, une communauté indépendante. Trois d'entre eux suivirent ce conseil. Quant au Directeur, frère Ignace, il se rendit à Lyon, où un autre emploi lui fut assigné. La tentative de M. le Curé de Valbenoite ne fut pas heureuse ; car livrés à la diversité de leurs opinions personnelles, les jeunes gens se virent exposés à des froissements nombreux et à de grandes déceptions. Sentant qu'ils ne pouvaient vivre en bonne intelligence, M. Rouchon essaya, l'année suivante, de les réunir aux Frères Maristes établis à Lavalla. Il ne put réussir dans cette autre entreprise. Peu de temps après, ces jeunes gens laissèrent son école vacante, et s'engagèrent dans d'autres voies.

Ces défections affligèrent le P. Coindre, mais laissèrent son âme calme et résignée. Sa foi vive et sa grande confiance en Dieu le rendaient supérieur aux épreuves de la vie : il se contenta de redoubler d'efforts et de dévouement. Toujours préoccupé de l'avenir de sa petite Congrégation, il mit tout en œuvre, durant ses missions, pour recruter de nouveaux sujets ; et sa joie fut grande lorsque, peu de temps après, six postulants se présentèrent pour être reçus. Ce furent : Louis Cusset (frère Antoine), Jean-Marie Rey (frère Barthélemy), Claude Putet (frère Benoit), Bernard Dupraz (frère Bernard), Pierre Julien (frère Bonaventure), et Louis Bressan (frère Louis).

Encouragé par ses premiers succès, et voyant son œuvre du Pieux-Secours prospérer et produire un très grand bien parmi les enfants qui y étaient admis, le P. Coindre adressa un second appel à la charité publique. Il fit annoncer dans toutes les paroisses de la ville qu'il prêcherait un sermon de charité à l'église Saint-François. On s'y rendit en foule. Cette fois encore, les personnes riches et charitables, qui admiraient son zèle et son dévouement, se firent un plaisir de le seconder en lui venant en aide par leurs généreuses libéralités. Le produit de la quête, qui eut lieu en cette circonstance, fut tout à fait satisfaisant. De plus, sur la proposition de M. Casati, une souscription fut ouverte peu de jours après. Par les soins du Comité qui se forma pour en recueillir le produit, le P. Coindre eut bientôt des ressources suffisantes pour recevoir un plus grand nombre d'enfants et pour établir de nouveaux métiers. Ce Comité continua à fonctionner encore pendant quelques années, et à recueillir le montant des souscriptions que certaines personnes s'étaient engagées à payer tous les ans.

Nous arrivons au moment où le P. Coindre se vit amené, par le développement de ses œuvres, à se séparer de la Société des Missionnaires de Lyon. Ce fut au mois de juin 1822. Comme plusieurs de ses confrères, il ne s'était engagé dans cette congrégation par aucun vœu, sans doute afin de conserver une plus grande liberté d'action, soit pour donner plus d'étendue aux élans de son zèle, soit pour s'occuper plus efficacement de l'organisation et de l'accroissement de ses œuvres naissantes.

Du reste, toute sa vie, son esprit se reporta souvent et avec bonheur vers cette Société où, dans les rapports qu'il avait eus avec les prêtres de mérite qui la composaient, il avait reçu de si heureuses, de si fortes influences. Plusieurs de ces prêtres après avoir illustré cette Société, par l'éclat de leurs talents et de leurs vertus, furent appelés à l'honneur de l'épiscopat et devinrent des prélats des plus distingués de l'Église de France. Il suffit de citer NN. SS. le cardinal Donnet, archevêque de Bordeaux; Mioland, archevêque de Toulouse; de La Croix d'Azolette, archevêque d'Auch; Lyonnet, archevêque d'Albi; Cœur, évêque de Troyes; Dufêtre, évêque de Nevers; Rossat, évêque de Gap; etc.

Comme à plusieurs de ses compagnons d'armes, on avait offert un évêché au P. Coindre; mais, préférant les rudes labeurs du simple missionnaire, il crut devoir refuser cet honneur. Travailler au salut des âmes et au triomphe de la religion par le ministère de la parole; former des jeunes gens pour l'état ecclésiastique et des maitres religieux pour élever le jeune âge : tel fut, en effet, le besoin dominant de sa vie sacerdotale, comme aussi la plus douce satisfaction que son cœur d'apôtre voulût éprouver, et la seule récompense qu'il ambitionnât ici-bas pour tous ses travaux.

CHAPITRE IX

Le P. Coindre est appelé dans le diocèse du Puy. — Mandement de Mgr l'Evêque de Saint-Flour établissant une Société de Missionnaires à Monistrol-l'Evêque. — Le P. Coindre relève et organise le collège de cette ville.

LA renommée du P. Coindre et le bruit des succès prodigieux de ses prédications s'étaient répandus au loin. Jaloux de posséder un prêtre qui annonçait la parole sainte avec tant d'éclat et tant de fruits, plusieurs prélats firent d'actives démarches pour l'attirer dans leur diocèse.

Mgr de Salamon, évêque de Saint-Flour, qui alors administrait le diocèse du Puy, désirait vivement y établir une Société de Missionnaires. Mais il lui fallait un homme qui fût en état de la fonder et de lui fournir tous les éléments de succès et de durée. Il songea au P. Coindre dont il connaissait les qualités éminentes et les vertus sacerdotales. Il lui écrivit pour lui faire connaître son dessein, le suppliant de venir organiser lui-même l'œuvre projetée et d'en prendre la direction.

Notre zélé Missionnaire, dont l'âme ardente et généreuse ne rêvait que le bien de l'Eglise, accepta cette proposition avec joie et empressement. Il espérait d'ailleurs que, dans cet autre diocèse, la Providence multiplierait de nombreuses vocations pour ses instituts naissants.

Dans le mois d'août 1822, il partit pour Saint-Flour, afin de s'entendre avec Mgr de Salamon. Leurs vues étant les mêmes sur l'importance et l'actualité de l'institution à fonder, le P. Coindre se mit immédiatement à l'œuvre. Quant aux moyens d'exécution, il obtint du prélat la plus grande latitude, avec l'espoir qu'il serait efficacement secondé par le zèle du clergé et par les offrandes

des âmes pieuses de la contrée entière. Il fut arrêté, en outre, qu'il aurait pour collaborateurs MM. Montagnac, frères, alors employés au petit séminaire de la Chartreuse. A son retour, de concert avec ces deux ecclésiastiques, et d'après le vœu de Mgr de Salamon, il fut convenu que l'on choisirait, pour siège de la nouvelle Société, Monistrol-l'Evêque, aujourd'hui Monistrol-sur-Loire, où une donation avait été faite en faveur de l'œuvre des missions.

Quelques jours après, les fidèles du diocèse du Puy recevaient le Mandement suivant, que nous sommes heureux de reproduire ici :

Mandement de Monseigneur l'Evêque de Saint-Flour, instituant une SOCIÉTÉ DE MISSIONNAIRES *dans la ville* DE MONISTROL-L'ÉVÊQUE, *chef-lieu de canton du département de la Haute-Loire.*

« Louis-Siffrein-Joseph de Salamon-Francose, par la miséricorde divine et l'autorité du Saint-Siège apostolique, évêque de Saint-Flour, administrateur général du diocèse du Puy, au clergé et aux fidèles de ce diocèse, salut et bénédiction en Notre-Seigneur Jésus-Christ.

« Depuis longtemps, N. T. C. F., nous avons entendu les vœux de vos cœurs et hâté, par les nôtres, le moment heureux où il Nous serait donné de les satisfaire avec succès. Plusieurs fois, vous Nous avez demandé avec instance le bienfait d'un établissement de Missions pour le diocèse du Puy. Nous avons engagé Nous-même nos Missionnaires de *Salers* à faire jouir plusieurs paroisses de ce même diocèse des grâces attachées à leur ministère évangélique. Vous en avez recueilli les fruits avec une édification qui a fait Notre joie et la consolation des hommes de Dieu que Nous vous avons envoyés.

. . . .

« Pour que tous les fidèles soumis à Notre juridiction puissent plus facilement jouir de ce bonheur inappréciable, outre l'établissement de *Salers*, spécialement destiné à faire des Missions dans le diocèse de *Saint-Flour*, Nous avons jugé à propos de procurer un semblable établissement à *Monistrol-l'Evê-*

que, pour le diocèse du *Puy.* Les ecclésiastiques qui vont former cette œuvre sont tous dignes de votre confiance. Plusieurs ont déjà donné des preuves non équivoques de leur zèle, de leur charité, de leur dévouement pour le salut des âmes; tous justifieront Notre attente et se rendront dignes de plus en plus de leur sainte destination. Organes de l'amour de Jésus-Christ pour les hommes, *ils se mettent spécialement sous la protection de son divin Cœur* dont ils désirent imiter la douceur, la tendresse et l'inépuisable charité pour les hommes. La moisson est abondante; daigne le Seigneur envoyer un bon nombre d'ouvriers pour la recueillir! Que tous les prêtres qui ont le zèle de la maison de Dieu se pressent pour concourir à cette bonne œuvre, ils Nous trouveront disposé à favoriser leur généreux dévouement à la cause du Seigneur.

« Cet établissement étant d'une utilité générale pour tout le diocèse, Nous sommes persuadé que le clergé et les fidèles n'auront qu'un même sentiment, qu'un même zèle : celui d'une grande bienveillance pour cet établissement. Tous s'empresseront de le favoriser de leur crédit et de leurs bienfaits, surtout au moment pénible de son commencement; dépourvu de tout, il pose ses premiers fondements sur la protection divine, sur les ressources de la charité chrétienne. Eh! que n'avons-nous pas à espérer en bâtissant sur cette pierre ferme et solide, que les vents, les tempêtes et les flots ne sauraient renverser.

« A ces causes, Nous ordonnons ce qui suit :

« 1° MM. les Curés et Desservants du diocèse du Puy liront à la messe le présent Mandement le premier dimanche après sa réception, et ils feront connaître, avec tout le zèle possible, le bienfait de ce nouvel établissement de Missions.

« 2° Ils exciteront la générosité des âmes charitables et recueilleront leurs offrandes, soit par des quêtes faites dans leur église, soit par une souscription annuelle et volontaire dont on leur fera connaître le taux et le mode de perception.

« 3° MM. les Curés et Desservants recueilleront les offrandes des fidèles, chacun dans sa paroisse. Chaque Curé de canton recevra le produit de chaque succursale et le versera entre les mains de *M. Coindre*, établi supérieur de la Mission de *Monistrol-l'Évêque*.

« Donné à Saint-Flour, en Notre palais épiscopal, sous Notre seing, le sceau de nos armes et le contre-seing de Notre secrétaire archidiacre-coadjuteur du Puy et chanoine honoraire de Saint-Flour, le 20 septembre 1822.

« † LOUIS-SIFFREIN-JOSEPH,

« *Évêque de Saint-Flour, administrateur général du Puy.*

« Par Mandement de Monseigneur.

« ISSARTEL, *secrétaire.* »

Après la publication de ce Mandement, le P. Coindre se rendit à Monistrol en vue de faire commencer les travaux nécessaires à l'installation des nouveaux Missionnaires. Il ne sera pas hors de propos de donner ici quelques détails sur l'origine d'une bonne œuvre établie dans cette paroisse, il y a 260 ans, et qui, détruite à une époque de sinistre mémoire, allait être reprise en 1822 sous une autre forme.

Le sieur Guillaume de Chabannes, du lieu de Monistrol, et commissaire de l'artillerie de France, avait fondé dans cette ville, en 1625, un couvent de Pères Capucins, pour remercier Dieu des nombreuses faveurs qu'il avait obtenues de sa protection spéciale. Là, ces religieux, selon les règles de leur Ordre, devaient se livrer au travail de la prédication. Leur vie austère et leur réputation de sainteté donnaient une grande puissance à leurs paroles, et longtemps le ciel favorisa leur ministère des plus abondantes bénédictions.

Comme bien d'autres, cette belle institution fut emportée par la tempête révolutionnaire; mais, trente ans plus tard, elle devait être rétablie et exercer son action bienfaisante sur un champ plus vaste encore. Appréciant les immenses services qu'elle avait longtemps rendus à la religion, M. Paul de La Bruyère, vicaire général et curé de Monistrol de 1802 au 3 décembre 1820, résolut de relever cette œuvre et de lui donner de solides garanties de stabilité. Dans ce but, il acheta une grande partie de l'ancien couvent, ainsi que l'enclos des Capucins, et, pour assurer le succès de la nouvelle fondation, par son testament olographe du 15 janvier 1820, il donnait, à titre héréditaire, tous ces immeubles à M. Rauzan, supérieur des Missionnaires de France, et résidant alors à Paris.

Les intentions du testateur devaient être bientôt remplies dans toute leur étendue. En effet, le 22 novembre 1822, M. Rauzan, par son procureur, M. Romain Montagnac, fit à M. André Coindre, ainsi qu'à son frère François-Vincent Coindre, et au survivant d'eux, acte de donation de sa propriété et jouissance des immeubles situés à Monistrol-l'Evêque.

Dans le dessein de former des jeunes gens instruits, solidement vertueux, et sans doute aussi, en vue de procurer à l'Eglise de futurs ministres de l'Evangile, M. de la Bruyère, dès 1804, avait fondé un petit collège qui fut toujours dirigé par des prêtres [1]. A l'époque où le P. Coindre se rendit à Monistrol, ce collège occupait une partie de l'ancien couvent des Capucins. Tenu alors par M. l'abbé Victor de La Bruyère, neveu de l'ancien curé de

---

[1] Entre autres, par M. l'abbé Jérôme Déléage, oncle de M. Déléage, aujourd'hui Chanoine titulaire de Notre-Dame du Puy.

la ville, cet établissement était en souffrance
à tous les points de vue. Il fut cédé au
P. Coindre qui, en peu de temps, le mit en
voie de pleine prospérité.

Par suite des donations ou des ventes qui
lui furent faites, le P. Coindre était devenu
seul propriétaire de l'ancien immeuble des
Capucins. Après les premières appropriations
du local, au mois de novembre 1822, il put y
loger une société de Missionnaires et un corps
de professeurs dont il était le supérieur général. Tout le favorisait à merveille, et le ciel
allait bénir ses généreux efforts ainsi que les
auxiliaires confiés à sa paternelle sollicitude.

M. Romain Montagnac fut nommé Recteur
principal du collège que le P. Coindre plaça
sous le vocable du Sacré-Cœur. La rentrée
des classes eut lieu à la Toussaint. La réputation du Supérieur, le mérite bien connu des
professeurs, MM. Pierre Montagnac, Pan-
draud, Benoit, Souvignet, Bonneton, etc.,
inspiraient une telle confiance au public que,
dès la première année, ils réunirent cent dix
élèves. Le chef surveillant fut M. l'abbé
Léonard qui, dans la suite, entra dans la
Société des Oblats de Marie. Il est mort mis-

sionnaire au Canada. Comme nous le verrons plus tard, ce collège fut érigé en petit séminaire.

Le P. Coindre appela bientôt à Monistrol quelques-uns de ses Frères pour les employer, comme catéchistes, dans les paroisses où il donnait des missions. Il ne devait pas tarder d'y établir un noviciat et d'y fonder une école.

Vers la même époque, des religieuses de Jésus-Marie y furent appelées aussi, les unes pour le service de l'établissement, les autres pour la direction d'un pensionnat de jeunes filles. Elles n'y restèrent pas longtemps : en 1825, elles vinrent s'établir au Puy, dans la maison qui sert aujourd'hui de Providence, près l'église de Saint-Laurent. Quelques années plus tard, en 1835, elles achetèrent le local qu'elles occupent depuis lors au faubourg Saint-Jean. Là elles dirigent un pensionnat, qui est un des mieux tenus et des plus florissants de la ville.

Tandis que le P. Coindre poursuivait ses travaux d'organisation, les surveillant lui-même avec la sollicitude d'un père qui s'occupe des intérêts de ses enfants, une mission dont il était le chef se donnait à Saint-Maurice-en-Gourgois (Loire). Chaque samedi, il allait rejoindre ses collaborateurs, MM. Ballet et Delphin, afin de les remplacer en chaire et de passer le dimanche avec eux. Ce fut la dernière mission qu'il donna dans le diocèse de Lyon, où il avait exercé le saint ministère durant près de dix ans. Il y avait laissé de précieux, d'impérissables souvenirs.

Lorsque la maison de Monistrol lui sembla solidement assurée, dotée de tous les éléments de prospérité, le P. Coindre confia la direction de son cher collège à M. Pierre Montagnac, et, toujours docile à la voix du ciel, qui l'appelait à la conquête des âmes, il partit pour aller donner une retraite à Vals, près le Puy. C'était au mois de janvier 1823.

CHAPITRE X

AFIN de perpétuer le fruit de ses travaux et de procurer aux âmes des moyens efficaces de salut, à l'Église les joies du triomphe sur ses ennemis, le P. Coindre ne négligea rien pour donner une grande et forte impulsion à l'œuvre des Missionnaires du diocèse. Ces prêtres étaient tous des hommes d'un grand savoir et d'un talent distingué pour la prédication : ils formèrent la *Société des Pères du Sacré-Cœur*. Les principaux furent : MM. Romain Montagnac, Mercier, Eynac, Fabre, Freycenon, Gatty, Mialon, Escoffier, Havon, Benoit, Louan. Ce dernier mourut, en odeur de sainteté, à St-Front, pendant qu'on y donnait la mission. Les fidèles vont encore prier sur sa tombe.

Dès le début, cette Société ayant conquis une autorité et une renommée considérables, on comprit bien vite de quelle utilité elle serait pour tout le diocèse. Jamais d'ailleurs fondation ne pouvait être plus opportune.

La Révolution avait partout semé des ruines. Les églises dévastées étaient demeurées longtemps sans pasteurs ; d'autres avaient été confiées à des prêtres formés à la hâte, retirés du tumulte des camps ou instruits durant la Terreur. La plupart des écoles avaient été fermées, et dans celles qui étaient maintenues on n'enseignait que l'athéisme ; aussi les jeunes populations se trouvaient-elles plongées dans une profonde ignorance. De là, comme conséquence inévitable parmi elles, l'affaiblissement des convictions religieuses, le mépris de l'Église et de ses divins enseignements. Le matérialisme le plus grossier était à la mode dans les régions officielles; l'exemple en était parti de haut. La noblesse, coupable de la diffusion des mauvaises doctrines, en avait été rudement châtiée; mais elle commençait à peine à comprendre le sens et le but du châtiment; et la contagion continuait à se répandre en bas dans des proportions telles qu'elle infectait peu à peu jusqu'aux campagnes. Il était temps de lui opposer une digue puissante.

D'autre part, que de lacunes dans l'administration des sacrements, après les dix années de proscription du culte! Il fallait maintenant valider de nombreux mariages, administrer des baptêmes, faire des multitudes de premières communions. Bref, la France était, en quelque sorte, un pays barbare à convertir de nouveau.

La rapide épopée du Consulat et de l'Empire avait retrempé, il est vrai, la nation dans les labeurs de la vie des camps, mais elle ne consacrait d'autre culte que celui de la force; et si elle avait pu léguer à notre patrie la gloire militaire, le prestige de la puissance, elle n'avait pu songer à réparer les désordres moraux. Bien au contraire, elle avait répandu au loin les principes de 89, affaibli la cohésion de la puissance ecclésiastique, qu'elle prétendait subordonner au pouvoir civil, et continué dans les masses le funeste travail de décomposition religieuse.

Est-il besoin d'ajouter que les mœurs avaient décliné avec la foi? Les dernières années de la République et les premières de l'Empire avaient été, au point de vue de la licence, des plus honteuses de notre histoire.

La création des Sociétés de Missionnaires répondait donc à un besoin réel. Aussi, sur tous les points du territoire, ces prêtres d'élite, pénétrés de l'importance et de la grandeur de la tâche qui leur était confiée, se mirent-ils à l'œuvre avec le courage, la persévérance et le dévouement qui viennent du ciel. On les vit déployer un vaste et noble zèle, travaillant sans relâche pour réveiller l'esprit de foi et rappeler les saines doctrines que le peuple semblait avoir oubliées. Leurs prédications furent une véritable croisade de salut. Elles soulevèrent de violentes récriminations de la part des sociétés secrètes qui voyaient se relever peu à peu tout ce qu'elles avaient juré de détruire : la foi en Dieu, la soumission aux gouvernements, la paix et la concorde sociales. La tribune parlementaire et les journaux dits « libéraux » retentirent des plus violentes dénonciations. Paul-Louis Courrier, Béranger et beaucoup d'autres criblèrent de leurs épigrammes « ces apôtres de l'Inquisition et de l'obscurantisme qui éteignaient les lumières et rallumaient le feu. » L'œuvre des Missions, à l'intérieur, n'en fut point arrêtée. En douze ans, elle fit des prodiges; on peut dire qu'elle renouvela la jeunesse de l'Église de France et infusa un sang nouveau au catholicisme français. Les vieillards qui en gardent encore le souvenir ne parlent qu'avec enthousiasme des conversions éclatantes et des nombreux retours aux pratiques de la religion qui eurent lieu alors, ainsi que des Missionnaires dont la vie, en ces circonstances, donna le spectacle de toutes les vertus apostoliques.

Mais nous n'avons à nous occuper ici que des Missionnaires du Sacré-Cœur du Puy et du magnifique développement que le P. Coindre sut donner à leur œuvre, après avoir pris une si large part à la création des Missionnaires de Lyon.

Pour lui, il bénissait le ciel de tout le bien réalisé par son ministère et lui en renvoyait toute la gloire. Cependant, on applaudissait à ses triomphes, ou plutôt aux triomphes de la grâce. Tandis que de toutes parts il recevait des félicitations et des louanges, Mgr de Salamon, qui l'honorait de son estime et de sa confiance, venait aussi lui adresser des éloges au sujet de son zèle et des progrès de ses fondations. De Paris, il lui écrivait la lettre suivante, le 4 février 1823 :

« J'ai reçu, mon cher et respectable Missionnaire, votre lettre datée de Vals, du 23 janvier. Elle m'a fait grand plaisir. Je vous remercie beaucoup des vœux sincères que vous voulez bien adresser pour moi au ciel. Les miens pour vous sont tous pour la prospérité de vos travaux. J'applaudis beaucoup à votre zèle, et je vous remercie de la retraite que vous donnez à Vals.

« Je vois avec plaisir que votre petit troupeau est comme formé, composé de bons prêtres et de jeunes lévites. Le Seigneur vous protège sensiblement, puisqu'en si peu de temps vous avez déjà cent dix élèves.

« Je vous loue de l'établissement que vous venez de faire, je vous en nomme Supérieur, et je ne doute point qu'il ne prospère sous un tel directeur. J'approuve vos Sœurs autant que je le puis, comme Congrégation pour le diocèse du Puy, et recevez les vœux simples de celles qui se présentent [1].

« Je ne pourrai désormais, mon cher Abbé, que suivre de loin vos utiles travaux ; l'évêché du Puy est rétabli ; on vous a nommé un évêque. Si, par hasard, vous aviez du mécontentement dans ce diocèse, vous pourriez venir dans celui de Saint-Flour ; je vous recevrai à bras ouverts........ »

A cette époque, le siège du Puy, supprimé pendant la révolution, ayant été rétabli, Mgr de Bonald fut désigné pour l'occuper ; il en prit possession au mois d'avril 1823. Dix-sept ans après, il fut nommé archevêque de Lyon, où il fit son entrée solennelle le 2 juillet 1840. Le 1er mars de l'année suivante, il fut créé cardinal par le pape Grégoire XVI.

---

[1] Il s'agit des Sœurs de Jésus-Marie, fondées par le P. Coindre.

Mgr de Bonald honora toujours les Frères du Sacré-Cœur de sa bienveillance et de sa haute protection. C'est lui qui, reconnaissant l'utilité de leur œuvre, sollicita et obtint du gouvernement qu'ils fussent légalement reconnus.

Une ordonnance royale du 10 mars 1825 les autorisa sous le nom de *Frères de l'Instruction Chrétienne* [1].

Mais pour les distinguer d'autres Congrégations autorisées sous le même titre, on les désigna sous le nom de Frères de l'Instruction Chrétienne, dits du Sacré-Cœur.

Après la retraite qu'il avait donnée à Vals, notre apôtre infatigable se rendit à Monistrol pour y prêcher une mission. Elle y fut annoncée solennellement du haut de la chaire, ainsi que dans toutes les paroisses voisines. Commencée dans le mois de février 1823, elle dura six semaines et fut pour des milliers d'âmes une source abondante de grâces et de salut. Le P. Coindre eut d'abord pour auxiliaires MM. Mercier et Havon. Quinze jours plus tard, M. Romain Montagnac vint les rejoindre.

---

[1] Au mois de juin 1851, cette autorisation fut étendue à la France entière.

Dès les premiers jours des exercices, on voit l'église comble. Attirés par la renommée du célèbre prédicateur, les habitants de la ville, du canton, et ceux des cantons voisins s'y rendent en foule, et jusqu'à la fin de la mission il y aura, de leur part, mêmes élans de foi, mêmes sentiments de religieuse admiration pour ceux qui leur annoncent les vérités du salut. Ils sont ravis d'entendre la parole des envoyés du ciel : parole toute de persuasion et d'amour; parole qui, vivifiée par la grâce, produit en eux les émotions d'une crainte salutaire et le généreux désir de mener une vie nouvelle. Aussi, après les instructions, et jusqu'à une heure avancée de la nuit, les confessionnaux sont-ils assiégés. Souvent, à onze heures du soir, des fidèles, qui sont là depuis le matin, se voient obligés d'attendre encore pour faire l'aveu de leurs fautes ; et cependant dix-huit prêtres sont occupés sans relâche à exercer le saint ministère de la réconciliation. Oh! qui pourrait dire les douleurs qu'ils ont consolées, les plaies qu'ils ont guéries, les cœurs qu'ils ont rouverts à l'espérance !

Enfin est venu le jour où la plus douce

récompense comme la plus abondante moisson était réservée aux Ouvriers de l'Evangile. Pour eux, qu'il est doux de contempler cette masse compacte de chrétiens à la foi robuste, aux convictions profondes ! Qu'ils sont heureux de les voir tour à tour s'asseoir au banquet eucharistique ! A la première communion générale des femmes, on en compte plus de trois mille. Les hommes, nombreux aussi, reçoivent, au jour assigné, la nourriture céleste avec un recueillement et une piété admirables.

Mais, non moins beau, non moins touchant est le spectacle que présente la ville, le jour où se terminent les exercices de la mission. Toutes les paroisses voisines, ainsi que les cantons de Bas et de St-Didier-la-Séauve, se rendent en procession à Monistrol. Sur la vaste place, qui est entre le collège et le château, sont réunies plus de douze mille personnes. Elles sont là, impatientes, anxieuses, attendant l'orateur qui va prononcer le discours sur la plantation solennelle d'une croix de Mission. Un grand nombre d'entre elles se sont emparées, longtemps à l'avance, des places d'où elles pourront voir et entendre

l'éminent prédicateur : on en voit jusque
sur les arbres de la grande allée, sur les
murailles, sur les toits des maisons voisines.
Spectacle grandiose !...

Tous les cœurs sont ouverts à la plus douce
allégresse; l'enthousiasme enlève les âmes.
Le P. Coindre paraît. Aussitôt règne le silence
le plus absolu, et l'orateur se fait entendre
aisément jusqu'aux derniers rangs de cette
foule, tant l'ardeur de son zèle a donné de
puissance à sa voix naturellement éclatante.
Il explique le grand mystère de la Rédemption et bénit, avec le symbole auguste du
salut des hommes, tout l'auditoire age-
nouillé.

Ainsi se termina cette Mission si conso-
lante, si pleine de magnifiques résultats. La
vue de ces nombreuses populations, faisant
trêve aux soucis de la terre pour ne s'occuper
que de leurs intérêts éternels, les généreux
sentiments dont elles étaient animées rem-
plirent de joie l'âme des Missionnaires, et
firent concevoir aux pasteurs des paroisses
les plus belles espérances pour l'avenir. Cette
Mission donna, en effet, le branle dans ce
pays où la foi avait encore conservé l'empire

sur les cœurs; elle y fut comme l'inaugura-
tion d'une ère nouvelle.

Partout où le P. Coindre prêcha, dans l'ancien Velay, il rencontra le même élan et
obtint les mêmes succès.

CHAPITRE XI

<hr>

**Le P. Coindre établit un noviciat à Monistrol-
l'Evêque. — Il fonde deux établissements. —
Les Frères font une retraite à Monistrol:
plusieurs s'y engagent par des vœux tempo-
raires. — Organisation de l'Institut. — Fondation de plusieurs établissements. — Mort de
quelques Frères.**

CEPENDANT, malgré les travaux du saint
ministère, auxquels il se livrait sans relâche, le P. Coindre se préoccupait toujours
du développement et de l'avenir de son œuvre
des écoles. Pour son cœur charitable, il ne
suffisait pas d'avoir ouvert des asiles à Lyon;
sans cesse et partout, dans ses courses évan-

géliques, il songeait à réunir le plus grand nombre de postulants et s'efforçait de les rendre aptes à la sainte mission qu'il voulait leur confier.

Ce qui fait le caractère, la force et la vie des Congrégations religieuses, c'est le noviciat ; le noviciat, en effet, est la source première de leurs vertus et de leurs succès. Plein de ces pensées, le P. Coindre résolut d'en fonder un à Monistrol. Il l'établit provisoirement dans le collège ; mais la présence, dans un même local, de jeunes gens qui suivaient des carrières différentes avait de graves inconvénients pour les novices ; aussi, il ne tarda pas d'acheter la maison Pagnon, sise hors de la ville, et à peu de distance du collège.

Cette acquisition eut lieu le 22 janvier 1823. Peu de temps après, le noviciat fut transféré dans ce nouveau local, qui offrait les avantages de la solitude et les agréments de la campagne. Les novices eurent pour aumônier M. Pierre Montagnac, et pour directeur le frère Augustin ; un professeur du collège allait chaque jour leur donner des leçons de grammaire et de calcul. On s'occupa donc sérieusement à les instruire et à les mettre en état de faire la classe.

Quelques mois plus tard, dans une des salles du noviciat, on ouvrit une école où furent admis des enfants de la ville. Les progrès des élèves, la vigilance et le zèle des maitres furent bientôt remarqués. Ces débuts, quoique modestes, étaient de bon augure pour l'avenir de l'œuvre. Heureux des résultats obtenus, et voulant donner satisfaction au vœu des familles, M. le Curé de Monistrol, en 1824, loua dans la ville un local qui fut transformé en maison d'école. Le frère Eugénius fut nommé directeur de ce premier établissement.

Au mois de novembre de la même année eut lieu, au Monastier (Haute-Loire), la fondation d'un autre établissement, à la tête duquel fut placé le frère Barthélemy. Là aussi, on admira bientôt l'ordre et l'émulation que les maitres firent régner parmi les élèves. L'estime du clergé et des magistrats, la confiance des familles et l'amour des enfants les récompensèrent de leur zèle ; et le bruit de leurs succès se répandit dans les environs.

Dans le mois de septembre 1824, le P.

Coindre réunit tous ses Frères à Monistrol pour la retraite annuelle, afin que là, sous les influences vivifiantes de la méditation, de la prière et de la grâce, ils se pénétrassent bien de l'esprit de leur vocation. Le 14 de ce mois, jour de la clôture, les frères Borgia, Xavier, François, Bernard, Bonaventure, Irénée, Augustin et Louis émirent, dans la chapelle du collège, leurs vœux de religion, pour la première fois : ils ne s'engagèrent d'abord que pour trois ans [1].

Dans toute Société bien établie, chaque membre doit avoir son rôle déterminé et sa part d'action pour le bien général : c'est ce que voulait notre sage Fondateur pour sa Congrégation naissante. Il désirait la voir entrer dans cette voie qui pouvait lui assurer, avec une marche régulière, de sérieuses conditions d'existence et de progrès. Aussi, jugea-t-il nécessaire de procéder à l'organisation de son gouvernement qui, alors, devait se composer d'un Supérieur général, d'un

---

[1] Au mois d'octobre 1827, les frères Borgia, Xavier, Barthélemy, Benoît et Bonaventure firent leur profession perpétuelle. En 1829, eut lieu celle des frères Polycarpe, François, Maurice et Bernardin.

Directeur général, de deux Assistants et d'un Procureur général, tous élus, au scrutin secret, par les membres de la Société.

D'après ce mode d'élection, le frère Borgia fut élu directeur général; le frère Xavier, premier assistant; le frère Augustin, deuxième assistant, et le frère Bernard, procureur général. Ces élections eurent lieu après la retraite, en 1824.

Le P. Coindre désirait encore assurer à ses disciples toutes les garanties d'une direction donnée par un homme qui connût parfaitement et leur genre de vie et leurs véritables intérêts. C'est pourquoi il leur déclara qu'après sa mort et celle de son frère (l'abbé Vincent Coindre), qu'il leur désigna comme son successeur, ils ne devraient plus avoir d'ecclésiastique à leur tête : ils auraient à se choisir, parmi eux, leurs Supérieurs, sujets aux mêmes règles et animés du même esprit. Cette mesure, acceptée en principe, devait être mise à exécution seulement en 1841.

A la même époque, il résolut aussi de mettre ses fils spirituels en état de s'occuper eux-mêmes de la gestion de leurs affaires

temporelles. Dans ce but, il solda toutes leurs
dettes et leur fit cession de tout le mobilier
qu'il possédait au Pieux-Secours. Mais, comme
il avait encore sa mère et qu'il ne voulait pas
la priver du revenu de ses biens, il les chargea de lui payer une rente annuelle de huit
cents francs pour le loyer de la maison et de
l'enclos des Chartreux.

Du reste, le ciel allait bénir les sacrifices et
les efforts constant du pieux Fondateur : les
vocations devenaient de plus en plus nombreuses ; les écoles déjà établies étaient en
voie de prospérité ; leur bonne tenue, la piété
et le dévouement de ceux qui en avaient la
direction attirèrent l'attention sur les nouveaux maîtres de la jeunesse, et de divers
diocèses, plusieurs demandes furent adressées
au P. Coindre. Ainsi, en 1825, eut lieu la fondation des établissements de Pradelles et de
Montfaucon (Haute-Loire); de Saint-Sympho-
rien-de-Lay et de Neulize (Loire), ainsi que
de celui de Fontaine (Rhône). Ceux de Vals,
Blesle (Haute-Loire), et de Murat (Cantal)
furent encore créés en 1826. On fonda ce
dernier établissement sur la demande de

M. l'abbé Vidal, Grand Vicaire de Mgr l'Evêque du Puy, et ancien curé de Murat.

Vers la fin de la même année, les Frères du Sacré-Cœur furent aussi appelés à Marvejols (Lozère), où M. Lombard, maire de la ville, et M. le curé Chaleil leur confièrent une école qui devint dans la suite l'une des plus importantes de l'Institut. Le 30 mai 1826, la Congrégation possédait, dans trois diocèses, onze maisons d'école.

Déjà la mort avait fait plusieurs victimes dans les rangs de la Congrégation : les ouvriers trouvés mûrs pour le ciel s'en allaient les premiers. Ce fut d'abord le frère Paul, décédé à Lyon le 20 mars 1823. Sa vie avait été si édifiante qu'on l'a toujours considéré comme un saint. Durant l'année 1825, on eut à déplorer la perte du frère Benoît et celle du frère André. Celui-ci, originaire de Riotord, appartenait à une famille de condition aisée ; c'était un sujet instruit et plein d'avenir. L'année suivante, les frères Antoine et Régis moururent à Lyon. En 1827, le frère Grégoire mourut à Lyon et le frère Barthélemy à Vals, près le Puy. Ce dernier, natif de Sainte-Sigolène, était un religieux doué d'excellentes qualités et appartenait à une famille très honorable.

Déjà pour le P. Coindre, et dès les modestes débuts de ses fondations, commençaient à surgir les difficultés et les épreuves. Il n'en fut nullement surpris : ne savait-il pas qu'elles sont un signe infaillible de succès, un gage des bénédictions célestes, et que l'on reconnaît l'ouvrage divin lorsque, pour base, on rencontre la croix ?

En 1824, il fut l'objet de quelques tracasseries suscitées par l'autorité diocésaine dont les vues étaient loin d'être les mêmes que les siennes sur un point important. Il s'agissait d'obtenir de sa part l'engagement de ne fournir de ses frères qu'au seul diocèse de Lyon. Le pieux Fondateur, dont le zèle ardent comme la flamme avait besoin de ne pas être comprimé, ne pouvait se résoudre à faire une telle promesse, ni souffrir, par conséquent, qu'on fixât ainsi des limites à son œuvre des écoles.

Rien ne fut capable d'ébranler sa résolution sur ce point. « Mon œuvre, disait-il, est une œuvre universelle ; je ne saurais donc la restreindre à un seul diocèse. »

Cette sage fermeté, que justifiaient, du reste, de louables motifs, fut aussi celle de M. Champagnat, fondateur des Frères Maristes : après le refus dont il vient d'être parlé, on avait exigé de lui semblable promesse.

Comme le P. Coindre, il se montra inflexible, jaloux qu'il était de conserver à sa Congrégation un caractère d'utilité générale.

CHAPITRE XII

Nombreuses missions prêchées par le P. Coindre dans le diocèse du Puy; bien qu'elles produisent. — Quelques détails intéressants sur ces missions. — Les anciens confrères du P. Coindre lui prêtent le concours de leur ministère.

Dans tout le diocèse, la réputation du P. Coindre devint si grande en peu de temps que tout le monde tenait à l'entendre. La célébrité de son nom, la dignité et la force de son langage, l'éclat de ses vertus, les fruits merveilleux de ses discours eurent bientôt le privilège d'exciter une nouvelle admiration et d'attirer les foules autour de sa chaire. Muni de ces puissants moyens d'action, et le cœur brûlant de charité pour le salut des âmes, il parcourut pendant trois ans les villes et les campagnes, signalant son passage par de nombreuses conversions. Monistrol, Saint-Didier-la-Séauve, Montfaucon, Tence, Bas, Yssingeaux, Saint-Maurice-de-Lignon, Rosières, Pradelles, Saint-Arcon-de-Barges, le Monastier, Saint-Hostien, Paulhaguet, Saint-Paul - de - Tartas, Saugues, Saint - Pierre-Eynac, Saint-Paulien, Craponne, Le Puy et beaucoup d'autres paroisses devinrent successivement le théâtre des prédications de notre infatigable missionnaire. Et, disons-le, jamais le zèle ne fut uni à des forces plus inépuisables ; jamais succès plus consolants ne vinrent récompenser ses travaux apostoliques.

Sa parole, tour à tour pleine d'éclat et de puissance dans l'exposition des grandes vérités ; souple, insinuante, lumineuse dans les entretiens familiers, remuait les cœurs, produisant ces fruits de salut que le Divin Maître attache toujours aux prédications vraiment apostoliques. Pour ses coopérateurs, ils le secondaient avec beaucoup de talent et de zèle. Comme lui, ils avaient tout ce qu'il faut à l'apôtre pour exercer une influence efficace sur les âmes.

Ce qui mettait le comble à l'élan religieux, manifesté dans leurs missions ou leurs retraites, c'est qu'à la même époque, et simultanément, ils donnaient leurs exercices dans plusieurs paroisses de la même contrée, et que la nouvelle des conversions opérées dans un lieu, venant à se répandre ailleurs, provoquait de toutes parts le généreux désir d'imiter ces exemples. L'homme est ainsi fait : le bien et le mal chez lui sont contagieux, et les sentiments de chacun redoublent d'intensité, dès que les autres s'y associent. Ainsi, dans les montagnes, de minces filets d'eau, réunis par une pente commune, forment d'irrésistibles torrents.

C'était, dans certaines localités, un entrain, un enthousiasme indescriptibles. On vénérait comme des saints les Missionnaires qui venaient y annoncer la parole de Dieu. On se précipitait à leurs pieds pour demander leur bénédiction. Tout le monde voulait les toucher et en recevoir quelque pieux souvenir. Quel éclatant hommage rendu au ministère et à la vertu de ces hommes de Dieu !

Aux détails, du reste fort incomplets, que nous avons donnés relativement aux missions prêchées par les Pères du Sacré-Cœur, ajoutons ceux qui nous sont fournis sur le même sujet par un digne prêtre du diocèse :

« ... Les curés, écrit-il dans la *Semaine religieuse* du diocèse du Puy, les curés annonçaient solennellement les missions du haut de la chaire dans toutes les paroisses voisines, et les fidèles s'empressaient de répondre à cet appel. Les églises devenaient insuffisantes. Souvent, pour ce motif, lorsque le temps le permettait, la prédication se faisait en plein air.

« Aux quatre ou cinq missionnaires venaient s'adjoindre des confesseurs choisis parmi les prêtres les plus recommandables des environs, et là, pendant cinq ou six semaines, ils travaillaient jour et nuit de concert à la sanctification des âmes.

« Les populations ne se lassaient point. Elles étaient heureuses de revoir ces grandes manifestations de la foi catholique, et la religion reprendre parmi elles la place d'honneur à laquelle elle a droit. Les injustices se réparaient, les scandales cessaient, les divisions s'éteignaient, les pécheurs se convertissaient. Il n'y avait pas jusqu'à ces vieux *sans-culottes*, jadis la terreur du canton, que l'on ne vit à genoux dans cette même église profanée, dévalisée par leurs mains sacrilèges, les larmes aux yeux, les bras en croix, faisant monter vers le ciel les accents de leurs voix suppliantes, et criant avec toute l'assistance : « Pardon, mon Dieu, pardon! » Les résistances étaient rares; on pouvait les compter.

« Pour obtenir ces magnifiques résultats, rien n'était négligé; tout était mis en œuvre avec un zèle contre lequel devaient se briser les volontés les plus rebelles : catéchismes, conférences, sermons, cérémonies extraordinaires, prières publiques, prières particulières, visites à domicile, invitations, etc.

« Mentionnons le tribunal chargé de terminer les différends, d'apaiser les inimitiés. Ce tribunal était présidé par le Supérieur de la Mission, qui avait ordinairement pour assesseurs le juge de paix ou le maire de la localité, un notaire, le curé ou les curés des parties. Celles-ci pouvaient y exposer et développer leurs griefs et devaient accepter la décision des juges sous peine d'être privées du bienfait de la Mission. On comprend tous les services que rendait ce tribunal de concilia-tion auprès duquel la faveur ou la cabale n'avaient aucun accès, dont la conscience seule dictait les arrêts, sans frais, sans dépens pour les intéressés.

« Enfin, arrivait la clôture des exercices; c'était la grande fête, le grand jour. Toutes les paroisses accourent de dix lieues à la ronde. Elles sont là avec le fifre et le tambour du village, avec les magistrats en écharpe, leurs prêtres, leurs confréries et leurs congréga-tions en costume et au grand complet, for-mant une procession interminable sur un parcours de plusieurs kilomètres. Cette masse de peuple s'ébranle au son des cloches, au chant des hymnes et des cantiques, à la voix des maîtres de cérémonie dont quelques-uns, à cheval, transmettent les ordres aux rangs les plus éloignés.

« Sur leurs robustes épaules, des centaines de jeunes gens endimanchés, ayant à la bou-tonnière le pieux souvenir de la mission, portent le brancard de verdure dans lequel, comme sur un lit de parade, repose le Christ monumental qui va bientôt s'élever au milieu d'une des principales places publiques de la localité. L'arme au bras, revêtus de leurs vieux uniformes, quelques anciens soldats de l'Empire forment la haie ; à la voix du commandant, de loin en loin, des feux de file et de peloton. A ces décharges de mousqueterie, la foule répond par le cri de : Vive la Croix ! qui va se prolongeant à travers les rangs jusqu'à la tête de la procession, répété par les échos d'alentour. Parfois quelques cavaliers ferment la marche.

« Enfin, cette foule houleuse, après bien des tours et des détours, s'est massée sur la place destinée à recevoir la Croix de mission. La forêt voisine a fourni son plus beau sapin ; les propriétaires se sont disputé l'honneur d'en faire hommage : on en a construit une Croix de plusieurs mètres de hauteur ; à grands coups de marteau on y fixe le Christ. L'assistance recueillie, émue, attendrie, se croit sur le Calvaire, présente à la scène émouvante du crucifiement. Bientôt la Croix s'élève aux applaudissements enthousiastes des spectateurs ; les cloches sonnent ; les tambours battent aux champs. L'opération terminée, le Supérieur de la mission, debout sur le piédestal, adresse à ces milliers de chrétiens une dernière parole. Sa voix, malgré tous ses efforts, n'arrive pas jusqu'aux dernières lignes; mais on le comprend : c'est l'adieu suprême, c'est le revoir au ciel, accueilli par des larmes et des sanglots unanimes.

« Il est nuit; on se retire, se racontant en chemin les délicieuses émotions de la journée. Pas ombre de trouble, de désordre; les fêtes religieuses ne les connaissent pas.

« B. P. G. »

Ajoutons encore, sur ces missions, les détails suivants fournis par un témoin oculaire :

« Pourquoi, dit-il, a-t-on laissé se perdre dans l'oubli, et pourquoi ne s'appliquerait-on pas encore à recueillir, si on peut, certains faits et autres détails qui accompagnèrent ces diverses missions ? Il nous souvient d'avoir assisté, quoique bien jeune, à celle qui fut donnée à la paroisse et à la ville de Tence, en 1823, et, bien que nous ayons vu souvent ces sortes d'exercices religieux se reproduire en diverses localités, aucun n'a laissé dans notre mémoire une impression aussi forte et aussi durable que celle des grandes cérémonies, des concours du peuple et des émouvantes prédications dont nous fûmes alors témoin et spectateur. Il était beau de voir cet homme (le P. Coindre) d'un courage et d'un dévouement tout apostolique, au milieu d'une vaste place publique, debout sur un piédestal élevé, où l'on dressait la Croix de mission, prêcher à la foule nombreuse qui se pressait autour de lui, tantôt l'écoutant avec une pieuse attention, et tantôt répondant par des cris d'enthousiasme à sa parole ardente et animée. Il était beau de l'entendre aussi, sur le piédestal de la Croix du cimetière, rappeler à ses auditeurs attendris les grandes vérités du salut, pendant qu'ils avaient là, sous les yeux et sous leurs pieds, les tombes de leurs parents et de leurs amis défunts. Non moins beau fut le spectacle des processions qui, pour déployer avec plus de liberté leurs longues files d'hommes, de femmes et d'enfants, allèrent jusqu'à plus d'une demi-lieue hors de la ville, portant en triomphe trois croix dites de mission, et chantant à pleine poitrine des cantiques populaires.   « H. Fraisse. »

Le P. Coindre fut toujours lié d'une étroite amitié avec ses anciens confrères de Lyon. Ses excellentes qualités, son bon cœur, le faisaient estimer de tous, lui assuraient leurs plus vives sympathies. M. Mioland, qui fut son condisciple au Grand-Séminaire et son Supérieur aux Chartreux, l'honorait surtout d'une affection particulière. Cette sainte amitié se traduisait entre eux par les plus généreux sentiments de bienveillance et dans une parfaite union d'esprit et de cœur. Le départ du P. Coindre pour Monistrol ne diminua en rien ces excellents rapports. Aussi, au besoin, ces Messieurs s'empressèrent-ils de lui porter secours, de partager ses travaux apostoliques dans le diocèse du Puy : la charité ne connait point de limites ; partout elle n'a en vue que les intérêts de Dieu et le bien des âmes. En 1823, M. Dufêtre vint seconder le P. Coindre à Montfaucon, M. Nivet à Tence. L'année suivante, M. Delphin prit part à la mission de Craponne.

Ce fut alors que le P. Coindre remit à ce dernier une croix d'argent, avec Christ en or, et enrichie d'une parcelle de la vraie croix. M. Delphin a toujours conservé et porté sur lui ce souvenir bien cher à son cœur, parce qu'il lui rappelait la mémoire d'un saint Missionnaire qui fut l'un de ses meilleurs amis. Il y a peu d'années, nous avons pu admirer cette croix, un jour que nous allâmes le voir à Saint-Etienne, où il était curé de la paroisse Notre-Dame. Reportant son esprit vers un passé déjà éloigné, mais encore présent à sa mémoire, ce vénérable prêtre, avec les plus vives émotions, nous fournit de précieux renseignements sur la vie apostolique du P. Coindre. Plein d'admiration pour ses talents, comme pour ses vertus, il nous avoua qu'on ne peut guère imaginer une carrière plus active et plus féconde que celle de son ancien compagnon d'armes. « Par la sainteté de sa vie, dit-il, par la puissance de sa parole, et avec cet enthousiasme puisé dans les ardeurs de la foi et de la charité, il exerça une grande influence sur les populations. Il contribua puissamment à renouveler l'esprit chrétien partout où il annonçait l'Evangile. »

CHAPITRE XIII

PEU de temps après le rétablissement du siège de Blois, Mgr de Sauzin, qui venait d'en prendre possession, en 1823, confia la direction de son grand séminaire à M. l'abbé Donnet, ancien membre de la Société établie aux Chartreux. L'une des premières préoccupations de ce prélat fut d'employer à la sanctification du troupeau confié à sa sollicitude pastorale le moyen qui avait produit ailleurs de si beaux résultats. Il éprouvait vivement le besoin de ranimer dans son diocèse le sentiment moral et religieux que l'ignorance, les passions et de fausses doctrines semblaient avoir desséché, et d'y faire fleurir les bonnes mœurs, alors en décadence dans toute la société, comme nous l'avons dit plus haut.

« A aucune époque, écrit un biographe à ce sujet, à aucune époque l'œuvre des missions et des retraites ne fut plus opportune qu'au moment où, après les grandes commotions politiques de la Révolution, la vie religieuse commençait à renaître dans le corps social si cruellement meurtri et ensanglanté. Aux coups que la hache révolutionnaire avait portés dans les rangs du clergé, succédaient les ravages non moins funestes de l'âge et des infirmités. Chaque jour, en effet, les survivants du sacerdoce voyaient se creuser autour d'eux des vides que leur dévouement ne pouvait combler. En vain le pasteur, devenu missionnaire, volait de paroisse en paroisse : s'il suffisait à l'administration des sacrements ce n'était qu'à de rares intervalles qu'il pouvait rompre à son troupeau dispersé le pain de la parole sainte ; aussi la privation forcée d'instruction religieuse avait eu pour résultat,

au sein des masses, une ignorance plus fatale
que les fureurs mêmes de la persécution.
L'épiscopat français comprit alors quelle res-
ponsabilité pesait sur lui, et quelles grandes
choses il pouvait accomplir. Il ne faillit pas à
sa tâche et créa l'œuvre des Missions, qui fut
sa gloire et sa consolation, et pour laquelle
Dieu qui, aux jours de sa colère « n'efface
jamais que pour écrire », s'était préparé des
prêtres selon son cœur. » (*Vie de M*^{gr}
Dufêtre.)

Préoccupé de cet état de choses lamentable
à tous les points de vue, Mgr de Sauzin, de
concert avec NN. SS. de Montblanc, archevêque de Tours, et de Varicourt, évêque d'Orléans, se mit en devoir d'établir une Société
de Missionnaires pour évangéliser le centre
de la France. Elle fut placée sous le patro-
nage de saint Martin. M. Donnet, qui conserva
son titre de Supérieur du Grand-Séminaire
de Blois, fut mis à la tête de ces Missionnaires
au nombre desquels étaient MM. Dufêtre,
Lyonnet, Villecourt, anciens collaborateurs du
P. Coindre dans le diocèse de Lyon, et, comme
lui, tous déjà célèbres dans la carrière apostolique.

En peu de temps, ils firent un bien immense dans les paroisses où ils s'étaient fait entendre, et leurs succès répandirent un vif éclat sur les prêtres de *Saint-Martin*. Se rappelant avec quel bonheur le P. Coindre annonçait la parole sainte, ils eussent bien désiré de le voir se joindre à eux pour les seconder dans leurs missions. Ils lui écrivirent même et l'engagèrent vivement à leur prêter le concours de sa vigoureuse et entraînante éloquence. Le P. Coindre répondit que, pour lors, il ne pouvait se rendre à leur désir sans compromettre l'avenir des œuvres qu'il avait fondées à Lyon et dans le diocèse du Puy.

Toutefois, sur les instances réitérées de M. Donnet, il consentit à leur faire une visite, et, accompagné de M. Eynac, il partit pour Blois, au commencement de janvier 1824. Il resta plusieurs mois parmi eux, et par son active coopération, il leur rendit des services considérables. Ce fut durant ce temps qu'eurent lieu les missions de Blois, de Tours, de Vendôme et de Montargis.

Celle de Blois fut commencée le 18 janvier 1824, et se termina le 14 mars suivant. Les prédicateurs étaient au nombre de huit,

savoir : MM. Donnet, Villecourt, Dufêtre,
Nogret, Coindre, Eynac, Suchet et Marcel,
tous hommes au cœur d'apôtre, et dont la vie
était une prédication plus éloquente encore
que leurs discours ; car, tout ce que l'Église
avait alors de forces, de vertus et de grands
caractères, elle l'envoyait prendre part à ces
luttes et voler à la conquête des âmes. Ils
eurent beaucoup à souffrir pour triompher
des honteux procédés auxquels eut recours
l'esprit irréligieux pour entraver l'action de
leur ministère. En dépit de tous les efforts de
l'enfer, et en raison même des épreuves auxquelles elle fut soumise, l'œuvre de Dieu fut
admirable.

« Déjà, écrivait l'*Ami de la Religion*, une
magnifique communion générale avait large-
ment récompensé les efforts des Missionnaires. Monseigneur voulut lui-même prési-
der l'auguste cérémonie. En deux jours, trois
mille six cents femmes et deux mille hommes
s'approchèrent de la Table-Sainte. Le lendemain, le prélat donna la confirmation à environ mille deux cents personnes. L'élan était
général dans toute la ville. On a vu revenir à
Dieu des hommes qu'un long éloignement

avait déshabitués des pratiques de la religion. » (T. 39, page 138.)

« La plantation de la croix de mission offrit un des plus saisissants spectacles. On vit le préfet du département, trois députés, plusieurs généraux, les membres du tribunal courber leurs épaules sous le fardeau sacré. » (*Vie de Mgr Dufêtre.*)

Cependant le P. Coindre éprouvait le besoin de se rapprocher de ses familles religieuses : c'était un père impatient de se retrouver au milieu de ses enfants, après une longue absence. D'ailleurs, après trois mois de travaux, auxquels il s'était livré avec toute l'ardeur de son âme et l'impétuosité de son zèle, quelques jours de repos lui étaient nécessaires pour rétablir ses forces épuisées. Il se rendit à Lyon, dans sa communauté de Fourvière. C'est là que M. Villecourt, lui rappelant les succès merveilleux qu'il avait obtenus dans ses missions dont il fut l'un des ouvriers les plus infatigables, lui écrivait : « Vous avez enlevé tous les cœurs sur les bords du Cher et de la Loire, comme autrefois à Saint-Etienne, à Tarare, à Pont-de-Vaux... Epuisé selon le corps, mais riche selon l'esprit des dépouilles que vous avez ravies à l'enfer, vous avez donc bien fait d'aller prendre quelque repos dans le diocèse natal. »

M. Nogret, l'un des missionnaires de *Saint-Martin*, et qui devint plus tard évêque de Saint-Claude, l'avait vu à l'œuvre pendant son séjour à Blois. Il avait remarqué en lui les qualités et les vertus qui doivent caractériser le ministre de la parole évangélique, et il en rend ainsi témoignage : « ..... Ce que je ne saurais jamais oublier, c'est que M. Coindre exerçait son apostolat avec de réels succès, doué qu'il était d'une éminente piété, d'un zèle incomparable et d'une rare facilité d'élocution. Aussi, a-t-il ramené au bercail du Sauveur d'innombrables âmes qui s'en étaient éloignées..... »

CHAPITRE XIV

Mission donnée au Monastier

LE P. Coindre resta peu de temps à Fourvière. Quelques jours de repos lui avaient
suffi pour se mettre en état de reprendre ses
travaux de prédilection. Le Monastier (Haute-
Loire), fut le nouveau théâtre de son zèle. Là,
de pieux pasteurs et les fidèles l'attendaient
avec impatience. Voici quelques détails intéressants sur les exercices qui y furent présidés par notre saint Missionnaire ; nous les
devons à l'obligeance de deux témoins ocu-
laires :

« Dans le mois d'avril 1824, une grande

mission fut prêchée au Monastier, nous écrit l'un d'eux. J'étais jeune encore, mais déjà mon esprit et mon cœur s'ouvraient aux impressions du bien et de la vertu. N'est-il pas, du reste, des souvenirs du jeune âge qui restent gravés dans l'âme en traits ineffaçables et des émotions que ne peuvent affaiblir ni les années, ni les rudes épreuves de la vie ?

« Cette Mission fut donnée par MM. Coindre, Eynac et Mercier ; M. Mialon était chargé des catéchismes et des chants. Je dois le dire, tous les prédicateurs furent admirables de dévouement et d'éloquence populaire. Leur tâche était grande ; ils s'en acquittèrent avec un plein succès.

« Surtout, je n'oublierai jamais M. Coindre, ce prêtre vraiment apostolique, au port majestueux, à la taille imposante, aux traits nobles, au cœur ardent. Mais que dire de son zèle et de son amour pour les âmes ? Afin de les attirer à Dieu, quelle tendresse dans ses accents, quelle force, quelle richesse de langage n'employait-il pas ? Quand il annonçait les vérités effrayantes de la religion, sa voix émue et sonore, ses discours animés portaient la terreur dans les consciences. Sa parole, resplendissante de foi et de charité, éclairait les esprits, attendrissait les cœurs, subjuguait les volontés les plus rebelles.

« La mission s'ouvrit sous les plus favorables auspices. Qualités, vertus des prédicateurs, concours actif du clergé, heureuses dispositions des esprits, tout vint contribuer à lui donner une efficacité merveilleuse. Les pasteurs des paroisses environnantes, suivis de nombreux fidèles, assistaient aux exercices; de toutes parts, on s'empressait de répondre à l'appel du Seigneur.

« Aux instructions les plus solides et les plus touchantes, les Missionnaires joignaient des conférences dont le principal caractère était l'intérêt joint à la charmante simplicité du langage. Ces entretiens familiers avaient pour objet, soit l'examen de quelque point de morale, soit la réforme des mœurs et l'extirpation des abus qui pouvaient exister dans les paroisses. Placé en chaire, le P. Coindre avait en face de lui l'un de ses collaborateurs qui lui soumettait des cas de conscience sur l'observance et l'infraction des lois divines. Les questions étaient choisies suivant les besoins et les intérêts religieux des populations. Quant aux réponses, elles fournissaient des règles pratiques pour les détails de la vie, réfutant les erreurs populaires, dénonçant les fraudes plus ou moins indirectes qui se commettent dans la vente des animaux, des denrées, etc.

« Ces conférences firent beaucoup de bien. Il en fut de même du tribunal de conciliation que présidait le P. Coindre, secondé par des assesseurs choisis parmi les hommes les plus éclairés du canton. Grâce à l'impartialité et à la sagesse de ses décisions, qui étaient toujours acceptées par les intéressés, des différends et des procès prirent fin, des restitutions se réalisèrent : pour bien des familles, l'union et la paix en furent les précieux résultats.

« Un autre moyen de salut fut aussi employé avec beaucoup de succès : c'était le *glas funèbre* qui, quelques jours avant la fin de la Mission, se faisait entendre dans le silence de la nuit et réveillait dans les âmes la pensée de la mort. Les fidèles devaient alors prier, afin que le son lugubre des cloches allât retentir dans les cœurs rebelles à la voix de la grâce. Ces efforts et ces prières réitérées, auxquelles on ajoutait un *De profundis*, ne demeurèrent sans doute point inefficaces, même pour les plus récalcitrants.

« Je me souviens encore que le P. Coindre réunit un jour les fidèles au cimetière. Là, quel tableau saisissant ne fit-il pas de la brièveté de la vie et du néant des choses de ce monde ! Il peignit en caractères de feu cet affreux état où la mort nous réduit et que notre sensualité et notre délicatesse craignent si fort d'envisager. Les assistants étaient vivement émus, consternés. Tous songeaient, non sans frémir, aux affreux ravages de cette mort dont l'image leur était reproduite sous les traits les plus saisissants. Pénétrés de douleur et de crainte, ils avaient présentes à l'esprit les scènes solennelles qui se passent à la dernière heure du moribond et au seuil de l'éternité.

« Tout fut mis en œuvre pour intéresser les fidèles et les porter à faire de dignes fruits de pénitence ; tant d'efforts, tant de zèle furent bien récompensés. Dieu avait béni l'œuvre des missionnaires. Aussi, de quels touchants spectacles ne furent-ils pas témoins ! que de conversions sérieuses ! que de divisions éteintes ! que de réformes salutaires !

Combien de victimes arrachées au vice, de torts réparés, de misères secrètes adoucies !

« Parmi les conversions nombreuses, opérées dans le cours de la mission, il faut mentionner celle de ces hommes dont le nom rappelait de si douloureux souvenirs. Je veux parler des *sans-culottes*, devenus la terreur du pays, aux jours sanglants de la Révolution, et que l'on avait vus se livrer à tous les excès de la tyrannie et de la cruauté. Touchés par la grâce, ils brisèrent les chaînes qui les avaient longtemps rivés dans les voies du mal, s'estimant heureux de goûter le bonheur que procurent le retour aux pratiques de la foi et l'innocence reconquise.

« Arriva enfin le grand jour, celui où chacun, après s'être purifié dans le bain salutaire de la pénitence, devait s'approcher de la Table-Sainte. La communion générale fut magnifique. Quel beau spectacle offraient tous ces chrétiens pleins de foi et de piété ! ils avaient tous la croix de mission sur leur poitrine [1]. Pour eux, c'était un beau jour de

---

[1] Dix ans plus tard, j'ai vu beaucoup d'hommes fiers et heureux de porter cette croix sur leur habit du dimanche ; et, dans les familles, on en voyait une qui était fixée au bénitier de la maison.

fête, un avant-goût de la paix et du bonheur des cieux.

« Le même jour eut lieu une bien touchante cérémonie, la rénovation des promesses du baptême. Dans un discours plein d'onction et de force, comme M. Coindre fit bien ressortir toute la tendresse du Seigneur pour l'âme régénérée dans les eaux du baptême, ainsi que le prix et l'excellence des grâces dont il l'enrichit, de l'héritage inestimable qu'il lui destine ! Il me semble le voir et l'entendre encore, invitant, de sa voix puissante, les fidèles à renouveler leur profession de foi catholique, à redire leurs serments, à ratifier leurs promesses comme chrétiens, enfants de Dieu et de l'Eglise, comme frères de Jésus-Christ et citoyens du ciel. Chaque assistant avait son souvenir de mission, une croix, et portait un cierge allumé. Des chants exécutés avec un entrain indescriptible animaient cette cérémonie, l'une des plus touchantes pour moi dans le cours de ma jeunesse. L'enthousiasme s'était emparé des âmes ; l'émotion était générale. La foi exerçait son pacifique empire sur cette foule de chrétiens, parmi lesquels, avec la grâce, elle avait fait tant de conquêtes, remporté de si glorieux triomphes.

« Après cette belle cérémonie, il y eut l'amende honorable au Sacré-Cœur. Ce fut alors que M. Coindre invita les fidèles à demander, en public, pardon des fautes dont ils s'étaient rendus coupables. Lui-même se prosterna, en présence de la foule, afin de solliciter, en sa faveur, la divine miséricorde, et s'écriant avec l'accent de la plus vive douleur : « Pardonnez, Seigneur, pardonnez à « votre peuple, à votre indigne ministre, afin « que vous ne soyez pas éternellement irrité « contre nous. »

« La veille de la clôture des exercices fut, en partie, consacrée aux préparatifs de la fête qui devait couronner l'œuvre des prédicateurs. Déjà, on possédait un beau Christ et une croix de grande dimension, qui allait s'élever dans la ville pour y perpétuer le souvenir de la mission. M. Coindre, dont le caractère était de frapper par les cérémonies les plus majestueuses et les plus touchantes, voulut donner le plus grand éclat possible à celles qui devaient avoir lieu le jour suivant. Ordre à garder, chants divers, évolutions

propres à produire les plus heureux effets, etc.,
il organisa tout en vue de la procession générale : ce fut en présence d'une foule immense
réunie sur la place où la Croix devait être
fixée.

« Le lendemain, la cérémonie commença
de bonne heure et ne se termina que vers
une heure de l'après-midi. Toutes les paroisses voisines s'y étaient rendues procession-
nellement. Jamais on n'avait vu entraîne-
ment si général et telle affluence. La ville
du Monastier avait un air de grande fête.
Missionnaires, pasteurs et fidèles, tous exul-
taient, tressaillaient de bonheur. Sous l'empire des émotions les plus paisibles et les
plus délicieuses, tous semblaient oublier les
choses et les tristesses de la terre.

« Enfin, le signal est donné, tout s'ébranle.
Quel touchant spectacle offre cette foule qui
s'avance à pas lents dans l'attitude la plus
respectueuse, au son des cloches, au chant
des hymnes et des cantiques ! Quelle magnifique manifestation religieuse de la part de
cette multitude de chrétiens, réunis dans une
même pensée, un même sentiment, trans-
portés de joie et donnant, par leur piété, un

éclatant relief à la fête ! Après un long parcours, la procession arrive sur la place du couvent. Là, le Christ monumental est fixé à la croix qu'on élève aux regards émerveillés d'une immense population. Placé sur une estrade, M. Coindre prononce ensuite un discours dans lequel il donne de sublimes enseignements sur le mystère de la Rédemption ; il y déploie tout ce que l'éloquence qui vient du cœur a de charme et de puissance pour jeter dans les âmes les ardeurs de la divine charité.

« De touchants adieux mirent fin aux exercices de la mission : adieux solennels, accueillis par des larmes et des sanglots unanimes ; adieux suprêmes, jusqu'au revoir dans l'éternelle patrie !!!... »

CHAPITRE XV

**Plusieurs prélats font des instances pour atti-
rer le P. Coindre dans leur diocèse. — La direction du collège de Brioude lui est offerte.**

Puissant en œuvres et en paroles, le P.
Coindre fut l'un des hommes suscités de
Dieu pour faire le bien avec de merveilleux succès. Ses fondations, revêtues du caractère des
œuvres divines, l'ascendant et la force de sa
parole sur les âmes, sa piété modeste, ses aptitudes solides et variées, tout avait fixé sur
lui l'attention du clergé, lui avait valu l'estime
et la confiance des plus grands prélats de
France. Plusieurs même se disputèrent ses

éminents services. Après Mgr de Salamon-Francoze, dont nous avons déjà parlé, ce fut Mgr de Pins qui sollicita le concours de ses lumières, de son esprit organisateur et de son expérience. Mais avant de parler des rapports que ce prélat eut avec le P. Coindre, nous croyons utile de rappeler certains faits qui se rattachent à sa nomination comme administrateur du diocèse de Lyon.

A la suite des évènements de 1814, qui renversèrent Napoléon du trône, le cardinal Fesch fut contraint de quitter Lyon et de prendre le chemin de l'exil. De Rome, où il s'était rendu, il transmettait ses ordres à des vicaires généraux qui administraient le diocèse en son nom. Or, cet état de choses durait depuis déjà près de dix ans, car la Cour de France se souciait peu de donner un coadjuteur à l'oncle de l'Empereur déchu. Il est vrai, plusieurs démarches furent faites auprès du Cardinal, en vue d'obtenir de lui sa démission, mais elles n'eurent aucun résultat. Le titulaire s'étant montré inflexible, il fallut recourir à des mesures de modération.

Ce fut alors que le pape Pie VII, sans faire acte de suprême autorité, usa d'un expédient qui ménageait à la fois et les susceptibilités du Cardinal et les intérêts d'un vaste diocèse. Reconnaissant, du reste, le mérite, les vertus du prélat et les grands services qu'il avait rendus à l'Eglise, le Souverain Pontife lui conserva son titre, mais à la condition qu'il ne s'immiscerait, en aucune manière, dans le gouvernement du diocèse de Lyon. D'accord avec la Cour de France, et par un bref du 22 décembre 1823, il institua Mgr de Pins, alors évêque de Limoges, administrateur apostolique de ce diocèse, le nommant en même temps archevêque d'Amasie.

Mgr de Pins fit son entrée solennelle à Lyon le 18 février 1824. Il y fut reçu comme devait l'être l'Envoyé du Souverain Pontife. Ainsi que nous l'avons fait observer plus d'une fois, l'impiété avait porté de rudes coups à l'Eglise, foulé aux pieds « les principes éternels d'ordre et de justice sans lesquels il n'y a ni religion, ni famille, ni société »[1]; seul, l'enseignement chrétien pouvait arracher la France de l'abîme où elle était tombée et préserver les âmes des périls de l'époque. Frappé d'un besoin qui se faisait sentir partout, Mgr de Pins se mit en

---

[1] Cardinal Donnet.

mesure de recourir à ce grand moyen de régénération sociale : il entreprit de fonder à Lyon une Société de prêtres qui, grâce à de fortes études, seraient à même de conserver intact le dépôt des sciences ecclésiastiques et qui, par de solides prédications, ramèneraient à la foi une multitude d'esprits égarés. Or, ce prélat avait ouï parler du P. Coindre dont on lui avait vanté le mérite. Il lui écrivit au mois de juin 1824, pour lui faire part de son projet, lui demander son avis et lui annoncer en même temps qu'il comptait sur lui pour le seconder dans son entreprise.

Le P. Coindre accueillit cette proposition avec joie, à cause du grand bien que la création d'un établissement de ce genre ne pouvait manquer de procurer au diocèse, à la contrée et à l'Eglise. A la vue de si magnifiques espérances, il répondit au désir de Mgr de Pins. Dans une fort longue lettre, il lui exposait un plan d'organisation pour la nouvelle Société ; il soumettait aussi à son examen un projet de statuts qu'il avait élaborés, ajoutant qu'il se mettrait à sa disposition à partir du jour où il serait libre des engagements qu'il avait contractés envers le diocèse du Puy.

A la même époque, Mgr de Boisville, évêque

de Dijon, avait, comme bien d'autres prélats, vivement à cœur de former dans son diocèse des hommes apostoliques, exclusivement employés à l'œuvre des Missions, et d'y multiplier les fruits de grâce et de salut. A cet effet, il résolut, lui aussi, de créer une Société de Missionnaires qu'il désirait envoyer combattre partout les préjugés, l'ignorance et le vice, entretenir le zèle parmi le clergé, la piété et l'usage des sacrements chez les fidèles. Pour l'organiser, il jeta les yeux sur le P. Coindre et fit des instances pour l'attirer à Dijon. Le P. Coindre, dont le zèle ne connaissait ni repos, ni bornes, aurait bien voulu l'étendre jusque dans cette partie de la Bourgogne qui manquait d'ouvriers évangéliques. Ce fut avec peine qu'il refusa de se rendre aux sollicitations de Mgr de Boisville, car déjà il avait engagé sa promesse pour répondre au vœu d'un autre prélat. D'ailleurs, les intérêts de ses œuvres, déjà nombreuses, ne lui permettaient pas de songer, pour lors, à d'autres entreprises de ce genre.

Toutefois, il crut devoir prendre en considération une autre demande qui venait de lui être adressée. Favoriser, étendre la diffusion de l'enseignement chrétien, c'était à ses yeux le moyen le plus efficace pour donner à la société des générations viriles et religieuses. Ne savons-nous pas, au reste, que ses vœux les plus ardents étaient de voir partout le flambeau de la vérité éclairer les âmes, et la foi les soumettre à l'empire de la vertu.

En ce temps là, le collège de Monistrol continuait son œuvre avec un succès toujours croissant, et la bonne direction donnée à cet établissement avait attiré l'attention de toute la contrée. Aussi, la ville de Brioude, qui possédait un collège communal, formula-t-elle le vœu de le confier à des prêtres associés aux missionnaires du Sacré-Cœur. Dans ce but, une délibération du conseil municipal fut adressée au P. Coindre, par l'intermédiaire de Mgr de Bonald. Bientôt eurent lieu des pourparlers entre le P. Coindre et le maire de Brioude, qui accepta toutes les conditions exigées. L'entente paraissait définitive; mais lorsqu'il fallut soumettre le contrat à la sanction du conseil municipal, celui-ci voulut le modifier sur plusieurs points. Le P. Coindre ayant refusé de souscrire aux nouvelles clauses, le projet fut dès lors abandonné.

CHAPITRE XVI

PENDANT l'année 1825, le P. Coindre donna encore plusieurs missions. Il se montra toujours le même, c'est-à-dire plein de feu et de zèle, annonçant la divine parole avec cette harmonieuse éloquence et cette noble simplicité qui donnaient tant d'attrait, tant de force et d'efficacité à ses discours.

Dans le mois d'avril de cette année, il se fit entendre à Saugues, où il exerça une influence grande et salutaire. Non seulement les fidèles de cette paroisse, mais encore ceux des communes environnantes, se rendaient en foule aux exercices de la mission. Tous bénissaient le ciel de leur avoir envoyé un si saint prédicateur. Longtemps, ils en gardèrent de précieux souvenirs, conservant avec bonheur les impressions profondes et vivifiantes qu'il avait laissées dans leurs âmes.

Nous savons que, pendant cette mission, le P. Coindre, se trouvant de passage dans une localité, fut prié de se rendre auprès d'un pécheur impénitent. C'était un de ces hommes qui dédaignent la religion, parce qu'ils ne la connaissent pas ; qui repoussent sa divine morale, parce qu'elle condamne leurs passions, leur impose des efforts et des sacrifices. Souvent, des pasteurs charitables avaient essayé d'ouvrir son cœur aux sentiments religieux ; il leur avait été répondu par des paroles de colère et de mépris. Cependant on savait que cet infortuné, déjà âgé et dangereusement malade, n'avait pas longtemps à vivre. Mû par un sentiment de compassion et de charité, le bon missionnaire se rendit en toute hâte auprès de ce malheureux. Pour toucher son cœur, jusque-là insensible, il employa tantôt la douceur, la persuasion et les promesses ; tantôt la sévérité, s'efforçant de lui inspirer la crainte des jugements de Dieu. Tout fut inutile : le vieil insulteur de l'Église et de ses ministres n'accueillit ces paroles de paix et de salut qu'avec des transports de fureur et en proférant d'horribles blasphèmes. Sans se rebuter de cet excès de rage et d'impiété, l'homme de Dieu fit un dernier effort pour vaincre une telle résistance : « Mon cher ami, lui dit-il, il faut pourtant sauver votre âme... Dieu est plein de miséricorde ; ayez confiance. Songez que vous allez bientôt mourir... — Je le sais ; est-ce que tout le monde ne meurt pas ? — C'est vrai, mais l'enfer... — L'enfer ! reprit ce forcené, en l'interrompant, je me moque de ton enfer ! — Ah ! tu t'en moques, malheureux ! Hé bien, à son tour, Dieu se moquera de toi. » Disant ces mots, le missionnaire frappa sur la table un violent coup de poing et sortit. Chose étonnante, et qui prouve combien il est à propos de varier les moyens suivant les personnes, ce coup de poing fit plus qu'un sermon : la voix de la grâce retentit en même temps dans l'âme du vieux pécheur; car, à peine le P. Coindre venait-il de sortir qu'il le fit rappeler, se décidant, non sans frémir, à faire l'humble aveu de ses crimes. Peu de jours après, il mourut avec les sentiments de foi et de repentir qui sont les résultats d'une véritable conversion.

L'année suivante, MM. Mercier et Montagnac donnèrent une mission à Chanaleilles, situé à 14 kilomètres de Saugues, et l'une des paroisses de ce canton. C'était à la fin du mois de mai, époque où mourut le P. Coindre. Sachant qu'il était en grande vénération dans ces contrées, les Missionnaires crurent devoir annoncer cette mort du haut de la chaire ; mais ils étaient loin de prévoir ce qui devait se passer. Une si triste nouvelle produisit une telle émotion dans tout l'auditoire, que le prédicateur, dont la voix fut couverte par les sanglots, dut interrompre son discours.

Nous ne voudrions pas fatiguer nos lecteurs par la répétition de détails toujours édifiants, mais à peu près toujours les mêmes; il nous parait cependant impossible de ne pas nous arrêter à la mission de Saint-Paulien.

Elle eut lieu en 1825, vers la fin du mois d'avril, sur la demande de M. Veysseyre, curé de cette ville. Ce furent les prêtres du Sacré-Cœur qui la prêchèrent, sous la direction de M. Mercier. Pour M. Coindre, qui exerçait son ministère dans une autre paroisse, il put s'y rendre vers la fin des exercices. Bien que plusieurs détails nous manquent, nous pouvons néanmoins affirmer que cette mission fut, pour tout le canton, une source de grâces, de force et d'espérance : c'est ce qu'attestent les rares vieillards qui vivent encore, et l'on aime à écouter les récits émouvants qu'ils en font et que leurs enfants se plaisent à redire avec le plus religieux enthousiasme. Nous savons, d'ailleurs, que les fidèles, la plupart venus de loin, se pressaient recueillis dans la vaste église, et que ceux qui s'y étaient une fois rendus voulaient revenir encore, tellement ils se sentaient saisis, subjugués par la parole ardente et facile des Missionnaires. Plusieurs personnes des paroisses environnantes, obéissant aux inspirations de leur foi et de leur piété, venaient se fixer dans la ville, afin de pouvoir assister à tous les exercices de la mission.

Une belle cérémonie vint la couronner, celle de la plantation d'une grande croix. Elle fut précédée d'une procession qui offrit le coup d'œil le plus imposant : nombreux membres du clergé, dont plusieurs étaient accourus de loin avec leurs paroissiens; confréries, avec leurs costumes variés; hommes, femmes de tout âge et de toute condition; recueillement, piété, chants divers, exécutés avec les accents de la foi et de l'allégresse, tout contribuait à faire de cette cérémonie une des plus éclatantes manifestations religieuses. Non loin du clergé, on voyait aussi des jeunes gens divisés par groupes, portant, tour à tour, sur leurs robustes épaules et sur un splendide brancard, un beau Christ destiné à décorer la croix de mission. Cette masse de peuple se mit en mouvement au son des cloches. Suivant la route du Puy, elle se dirigea vers Nolhac, village situé à trois kilomètres de Saint-Paulien ; et, après avoir exécuté sur le vaste communal de ce village, diverses évolutions dirigées par le prédicateur qui réglait la marche,

la procession se rendit au point de départ
avec le même ordre et le même entrain.

Arrivés à Saint-Paulien, les fidèles se
réunirent sur la place où devait se terminer
l'imposante cérémonie. L'allégresse et la jubilation brillaient sur tous les visages, car
rien de si beau pour l'esprit, rien de si doux
pour le cœur que les jours de fête auxquels la
religion préside. Aussi, ces milliers de chrétiens, animés des généreux sentiments qu'elle
inspire, n'avaient-ils qu'une même voix pour
célébrer les bienfaits du Seigneur, pour chanter ses louanges. L'enthousiasme était uni-
versel : c'était une des scènes les plus touchantes que le soleil ait jamais éclairées dans
l'ancienne capitale du Velay.

Ce fut alors que parut le P. Coindre sur
une estrade d'où il dominait son immense auditoire. Ce jour là, il était souffrant, nous a dit
un témoin oculaire ; mais son zèle invincible
et les ardeurs de la divine charité dont brûlait son âme, le rendirent supérieur à la souffrance. Dans un long et chaleureux discours,
il exalta le signe auguste de notre rédemption,
gage de salut et d'espérance, il émut vivement les cœurs. Quand il l'eut terminé, on

éleva la croix et des chants se firent alors
entendre. Mille voix redisaient ce refrain avec
les plus vifs transports :

> Lève-toi, signe salutaire,
> Bois auguste, bois protecteur ;
> Lève-toi, brille sur la terre,
> Astre de paix et de bonheur.

Cette mission produisit un bien immense,
et les prédicateurs firent à la religion les plus
glorieuses conquêtes. On vit un grand nombre de personnes abandonner le chemin large
de la perdition pour entrer dans l'étroit sen-
tier du salut ; bien des âmes chancelantes
s'affermir dans la foi et celles qui, jusque-là,
avaient eu le bonheur de marcher dans les
voies de l'innocence et de la sainteté, s'animer d'un nouveau courage.

En 1824, bien que le P. Coindre n'eût fait,
à Blois, qu'un séjour de peu de durée, Mgr de
Sauzin avait pu néanmoins apprécier son
talent et ses vertus. Aussi l'honorait-il de son
estime et de sa confiance. Ayant besoin d'un
supérieur pour la direction de son grand séminaire, il le pria de lui procurer un prêtre de
mérite. Le P. Coindre avait choisi M. Romain
Montagnac pour remplir cette importante

charge. Vu l'éloge qui lui en fut fait, M⁺ʳ de
Sauzin l'eût accepté de grand cœur, mais
l'Evêque du Puy, malgré de pressantes sollicitations, ne voulut pas consentir au départ
de cet ecclésiastique, l'un des plus distingués
de son diocèse.

En ce temps-là, le P. Coindre voyait avec
bonheur la Société de ses missionnaires travailler avec beaucoup de succès à l'extension
du règne de Dieu dans les âmes. Partout
elle jetait l'éclat de ses vertus et de ses
lumières. Elle était, à juste titre, l'une de
ses gloires, comme aussi l'une de ses plus
douces consolations. Elle faisait tant de bien !
et le rêve de sa vie était de la voir de plus en
plus florissante. Hélas ! sur ce point, ses espérances devaient s'évanouir et sa vertu allait
être aux prises avec des épreuves inattendues !

Comme quelques-uns de ses collaborateurs
étaient déjà bien formés pour la prédication,
et que d'ailleurs ils possédaient les qualités
nécessaires pour gouverner une paroisse,
Mᵍʳ de Bonald leur confia des cures importantes, sans tenir compte du vide regrettable
qui se produisait ainsi dans les rangs de la
Société.

Le P. Coindre fut bien contrarié de cette mesure si opposée à ses vues. Ne paralysait-elle pas, en effet, le succès de son œuvre? Ne faisait-elle pas surgir bien des obstacles aux efforts de son zèle toujours actif et toujours croissant? Aussi, crut-il devoir renoncer à son titre de Supérieur des Missionnaires du diocèse. Il désirait éviter désormais tout conflit, soit avec l'autorité épiscopale, soit avec un parti puissant formé contre lui. Du reste, toujours docile aux inspirations de la foi et de la charité, qui ne cessèrent jamais d'être les grands mobiles de sa vie, il résolut d'aller se fixer dans le diocèse de Blois, où Mgr de Sauzin l'appelait de tous ses vœux.

Sans doute, ce fut avec peine qu'il prit cette détermination, car s'éloigner de ses familles religieuses, quelle douleur, quel sacrifice pour son cœur de père ! Mais il savait qu'il laissait ses enfants animés de son esprit, bien résolus de marcher dans la voie qu'il leur avait tracée. Dès lors, il n'hésita pas. Au surplus, il se proposait de leur écrire souvent et de les revoir à certaines époques de l'année, afin de les affermir dans l'amour de la vertu et de s'occuper de tout ce qui pouvait intéresser leur ave-

nir. Ajoutons encore qu'il avait l'espérance
d'appeler bientôt les siens dans le diocèse de
Blois, et de les voir propager, avec la science
élémentaire, les principes religieux qu'ils donnaient à de nombreux enfants qui déjà leur
étaient confiés.

Sa détermination était à peine connue que
Mgr de Sauzin s'empressa de le nommer supérieur de son grand séminaire, vicaire général
et chanoine honoraire. Ces nominations eurent lieu le 17 novembre 1825. Avant de partir pour Blois, le P. Coindre se rendit à
Lyon pour y prendre un repos que son travail
incessant et ses fatigues avaient rendu nécessaire.

CHAPITRE XVII

**Le P. Coindre prêche une mission au Puy. —
Après un dernier voyage à Monistrol et à
Lyon, il part définitivement pour Blois. —
Etat de ses fondations.**

PENDANT son séjour à Lyon, le P. Coindre
put à peine goûter les douceurs d'un bien
légitime repos ; car l'un de ses confrères ne
tarda pas de solliciter le concours de son
ministère. Son zèle, toujours prêt à l'action
pour le service de la vérité et pour le bien des
âmes, l'arrachant à la vie tranquille dont il
jouissait depuis quelques jours seulement, le
fit courir à de nouvelles conquêtes, à de nouvelles victoires.

Une importante mission se donnait alors au Puy. Commencée au mois de décembre 1825, elle ne se termina que vers le dix du mois suivant. Elle fut prêchée en même temps, dans les quatre paroisses de la ville, par des Pères Jésuites secondés par deux Missionnaires du diocèse. A Notre-Dame, les prédicateurs furent : les RR. PP. Guyon, Petit et Thomas ; à l'église du Collège, les PP. Gloriot et Caillat ; à Saint-Laurent, M. Eynac et le P. Benoît ; aux Carmes, M. Mercier et un P. Jésuite. Après avoir donné une première instruction, ce dernier prédicateur ne put remonter en chaire. M. Mercier se vit dès lors seul pour annoncer la parole sainte. Huit jours s'étaient déjà écoulés sans qu'on lui eût adjoint un autre missionnaire. Pour lui, il y avait là un excès de travail qui ne pouvait durer plus longtemps. Aussi, après s'être entendu avec Mgr de Bonald, écrivit-il au P. Coindre pour le prier de lui venir en aide. L'ardent missionnaire qui, durant trois ans, avait été son compagnon d'armes et son supérieur, s'empressa de répondre à cet appel et deux jours après il se trouvait au Puy où sa charité devait briller d'un nouvel éclat et multiplier les fruits de salut dans les âmes.

Au début de la mission, tout ce qu'il y avait de plus distingué dans la ville se rendait à la cathédrale pour entendre le célèbre P. Guyon, autrefois collaborateur de M. Rauzan, aux Chartreux, plus tard missionnaire de France, et alors Jésuite. Il était l'un des prédicateurs les plus distingués de son époque. Pour le P. Coindre, sa réputation, au Puy, était déjà faite depuis longtemps. A peine sa présence aux Carmes fut-elle connue, qu'on vit se réunir autour de sa chaire un auditoire d'élite avide de l'entendre.

Emerveillés, vivement émus d'un langage qui avait le mérite de plaire toujours, de produire dans les cœurs les plus nobles sentiments, les impressions les plus salutaires, les gens lettrés, selon le témoignage de M. Mercier, disaient, en parlant de notre éloquent missionnaire : « Non seulement il donne des fleurs, mais encore des fruits. » Bel éloge décerné au saint prédicateur ! Comme les bons ouvriers de l'Evangile, dans ses discours, il n'avait, en effet, qu'un seul désir, celui de faire briller la céleste lumière dans les esprits, de peindre, avec les plus riches couleurs, les beautés de la religion, les charmes de la vertu, et surtout d'obtenir des âmes les œuvres dignes de la vie éternelle.

Nous ajouterons que le P. Coindre réunit un jour les fidèles au cimetière des Carmes. L'aspect de ces tombes et de ces croix, qui ombrageaient les dépouilles mortelles de tant de générations, lui inspira des accents d'une grande éloquence. Voici quelques-unes de ses paroles : « Où sont, s'écria-t-il, où sont maintenant ceux qui, autrefois, ont cultivé ces champs, ceux qui ont élevé ces monuments, ces temples, bâti ces maisons ?... Ils sont là !... sous vos pieds... Ils reposent dans la poussière du tombeau... Mais leurs âmes, où sont-elles ?... Dans l'éternité, où leurs œuvres les ont suivies. Dans l'éternité !... Celles des justes, pour nager dans un océan de bonheur sans fin ; celles des méchants, pour être plongées dans d'horribles et interminables supplices... Dans l'éternité, où bientôt la mort va nous précipiter sans miséricorde.

« En présence de tels spectacles, pourrions-nous être encore insensibles ?... Quel est le sort qui nous attend ? Le ciel ou l'enfer, tel sera notre éternel partage... Y avons-nous pensé? Y pensons-nous sérieusement, mes Frères?... »

Après de pareilles réflexions, les auditeurs du P. Coindre pouvaient-ils mettre désormais tous leurs soins à s'occuper des richesses périssables, ou à poursuivre des honneurs qui passent comme l'ombre? D'autres, plus insensés, pouvaient-ils encore rechercher avec ardeur les délices empoisonnées des passions et s'enivrer de toutes les séductions du monde?

Le dernier jour de la mission fut signalé par une scène des plus touchantes. Il y eut, de la part des fidèles, comme une explosion spontanée d'attendrissement et de reconnaissance en faveur de celui qui leur avait annoncé la divine parole. Après le discours qui devait clore la mission, les hommes lui firent leurs adieux et lui adressèrent de vives actions de grâces. Aucune parole ne saurait traduire l'accent pénétrant et inspiré avec lequel le P. Coindre répondit à ce témoignage de respectueuse gratitude. Cœur généreux et sensible, il versa des larmes; il en fit répandre à tout l'auditoire; mais bientôt une invincible émotion l'ayant saisi, il dut quitter la chaire sans finir sa chaleureuse improvisation. — A Bas, peu de mois auparavant, pareille scène s'était déjà produite.

Après cette mission, la dernière qu'il donna dans le diocèse du Puy, il se rendit à Monistrol, où il passa quelques jours. De là, il revint à Lyon pour régler ses affaires et pour faire ses adieux à ses parents, ainsi qu'à ses familles religieuses. Nul doute que son départ ne laissât celles-ci dans la désolation et ne fût pour elles un sujet de vives alarmes. Mais le saint Fondateur calma leurs craintes, excita leur confiance, leur rappelant les promesses et la protection du ciel qui les avait assistées, bénies jusqu'alors.

Ayant laissé à son frère, déjà aumônier du Pieux-Secours, le soin de gouverner, en son nom, la Congrégation des Frères du Sacré-Cœur, il partit enfin pour Blois. Ce fut au commencement de février 1826 ; il était accompagné de M. l'abbé Couvert, économe du petit séminaire de Monistrol [1].

---

[1] Pendant la maladie de son vénéré Supérieur, ce digne prêtre lui prodigua ses soins avec un dévouement tout filial Après sa mort, il revint à Monistrol où il remplit encore son ancienne charge d'économe.

De 1823 à 1826, le P. Coindre s'était voué à l'œuvre des missions dans le diocèse du Puy. Ce fut toujours avec un zèle et une abnégation dignes d'un apôtre, avec une facilité de langage dont plusieurs années d'un laborieux ministère lui avaient déjà fait une heureuse habitude. De là, son succès prodigieux et son influence ; de là, les effets admirables produits par ses travaux apostoliques.

Il partait, laissant des traces plus profondes et plus durables encore de son labeur. Par d'importantes institutions, il avait eu le bonheur de féconder le champ de l'Eglise en lui fournissant des auxiliaires aussi intelligents que dévoués, des ouvriers actifs, patients à supporter le poids des plus pénibles labeurs. De son vivant même, il put concevoir les plus belles espérances de ses œuvres à peine naissantes. Quand il ne sera plus, ces œuvres, nées de sa piété et de son cœur, étendront au loin, comme des rameaux bienfaisants, leur ombre tutélaire, rameaux où viendront s'abriter des milliers d'âmes.

Ainsi les Missionnaires du Sacré-Cœur, toujours animés de l'esprit de leur saint

Fondateur, travailleront à évangéliser le diocèse du Puy jusqu'au mois d'octobre 1829, époque où, pour les remplacer, Mgr de Bonald appela les RR. PP. Jésuites à Vals.

Ainsi encore le collège de Monistrol, dirigé par des hommes d'intelligence et de foi, restera un des milieux les plus favorables pour l'épanouissement des âmes, et comme un sanctuaire de la science et de la vertu.

Cet établissement, qui avait été reconnu comme petit séminaire diocésain, par ordonnance royale du 3 août 1825, continua de prospérer sous la sage et paternelle direction de MM. R. et P. Montagnac. L'ainé, qui avait déjà le titre de Recteur principal, prit celui de Supérieur et en remplit la charge jusqu'au jour où il fut nommé Curé d'Yssingeaux, en 1834. Il y est mort dans le courant de l'année 1839. Son frère, M. P. Montagnac qui, jusque-là, avait été professeur de rhétorique et avait dirigé le collège en l'absence du titulaire, presque toujours occupé aux missions, fut nommé Supérieur du petit séminaire. Il en exerça les fonctions, en même temps que celles de vicaire général, depuis 1839 jusqu'à sa mort qui eut lieu en 1865.

Le petit séminaire de Monistrol a toujours été une pépinière précieuse pour le recrutement de la milice sacerdotale. Que de prêtres s'y sont formés aux vertus et aux connaissances qui font les dignes ministres de la parole et de l'action ! Parmi eux, on compte un grand nombre de missionnaires, dont quatre évêques : NN. SS. Durieu, Pontvianne, Vey et Chausse.

Enfin, l'œuvre la plus modeste, celle des écoles, a grandi et prospéré. Comme nous l'avons déjà vu, la Congrégation des Religieuses de Jésus-Marie prit bientôt d'heureux et rapides accroissements. Dans une période relativement courte, on la vit se répandre dans plusieurs contrées du monde.

Pour celle des Frères du Sacré-Cœur, d'abord assez florissante, elle s'est vue, après la mort de son Fondateur, dans une situation des plus critiques. Mais, après des vicissitudes et des épreuves de tout genre, elle a pu enfin entrer dans une phase prospère, et l'on éprouve instinctivement le besoin de faire monter sa reconnaissance vers Celui qui, du haut du ciel, lui a prodigué si généreusement son assistance et ses plus abondantes bénédictions. Et ainsi, grâce à ces divins secours, elle s'est développée, non seulement en France, mais encore au-delà des mers.

Depuis 1846, les Frères du Sacré-Cœur sont établis dans le Nouveau-Monde. Leur dévouement, l'esprit de foi et de piété qui les anime, comme leur savoir, sont justement appréciés dans les villes où ils exercent leur apostolat. Ils possèdent plusieurs établissements importants dans les Etats-Unis ainsi que dans le Canada, où, depuis longues années, ils ont un Noviciat prospère.

Le siège de leur Maison-Mère est à Paradis, près le Puy (Haute-Loire). Là est aussi leur principal Noviciat. De nombreux jeunes gens y sont formés aux pratiques de la vie religieuse et ils y acquièrent, en même temps, les diverses connaissances qui doivent les mettre en état de remplir leur mission.

Tel est, en résumé, l'état des œuvres fondées par le P. Coindre. Comme des monuments durables que sa piété éleva pour la gloire de Dieu et pour le salut des âmes, ces œuvres perpétuent parmi nous sa mémoire et ses bienfaits : elles rediront longtemps aux générations futures son talent, son zèle et les vertus dont il donna de si beaux exemples.

CHAPITRE XVIII

ARRIVÉ à Blois, le P. Coindre se mit à l'œuvre ; ce fut avec cette foi ardente et ce dévouement sans bornes qu'il apportait dans toutes ses entreprises. En qualité de supérieur du Grand-Séminaire, dont MM. Lyonnet, Clare et Dormant étaient alors directeurs, il remplaça M. Donnet qui, comme nous l'avons vu, était à la tête des Missionnaires de Saint-Martin. Il fut vite initié aux affaires de sa nouvelle charge. Armé de constance et d'énergie, il eut le bonheur de surmonter tous les obstacles, et de donner à tout le séminaire une heureuse et forte impulsion, gouvernant les âmes avec un juste mélange de fermeté et de douceur. Mais qui dira les incessants labeurs auxquels il dut se livrer pour arriver à son but? Qui dira les sollicitudes de tout genre, qui ne lui laissaient, pour ainsi parler, aucun moment de relâche? A ce sujet, voici ce qu'il écrivait aux Frères de Lyon : « Je suis obligé d'examiner les séminaristes sur des matières que je n'ai pas vues depuis plus de quinze ans ; j'ai donc à les revoir. L'économie, une nombreuse correspondance, des discours et des instructions à faire, chaque semaine, et tant d'autres affaires journalières, tout cela m'accable et ne me laisse pas un moment de repos[1].»

Toutefois, malgré tant d'occupations et tant de fatigues, le P. Coindre ne perdait pas de vue ses Congrégations auxquelles, plus que jamais, il désirait donner plus de vie et d'extension. Il avait hâte de les savoir solide-

---

[1] Lettre du 26 février 1826.

ment affermies, ainsi que ces superbes édifices qui peuvent être battus par les orages sans être renversés jamais. C'était l'objet de ses pensées et de ses prières. « Si je désire, écrivait-il au Frère Borgia, si je désire que Dieu me conserve ici-bas quelque temps encore, c'est bien pour perfectionner toutes nos œuvres et, entre autres, celle dont vous êtes l'un des premiers agents. Priez-le qu'il me donne son esprit. »

Aussi, grâce à l'activité, à l'énergie et à la persévérance qu'il déployait pour réaliser ses projets, pour « perfectionner toutes ses œuvres », vers la fin de février 1826, c'est-à-dire peu de jours après son installation au Grand-Séminaire, il était en mesure d' « envoyer au P. Montagnac la Règle destinée aux Missionnaires de Monistrol [1] », ainsi que des Statuts pour la Congrégation des Dames de Jésus-Marie. Ajoutons qu'il se proposait aussi de rédiger, à bref délai, des Règles pour les Frères du Sacré-Cœur. Encore quelques mois de vie, et ce bon Père eût laissé à ses enfants le précieux héritage

---

[1] Lettre, 25 février 1826.

qu'il leur avait déjà préparé, tant dans son excellent cœur que dans son esprit si éclairé et si sage.

Dans un de ses desseins impénétrables, Dieu ne permit pas qu'ils eussent cette consolation.

Mais comment le P. Coindre pouvait-il faire marcher de front tant d'affaires à la fois, et supporter le poids accablant d'un pareil labeur ? Lui-même s'est chargé de répondre à cette question : « C'est par la sainteté, écrivait-il, c'est par le travail opiniâtre, par le courage et la persévérance que l'on vient à bout de tout [1] ». L'une de ses maximes, au reste, était celle-ci : « Le repos n'est pas de ce monde, mais le travail et la lutte... Unissons-nous à Dieu, non pour jouir des douceurs de la paix, mais pour nous soutenir dans la chaleur du combat. Les joies du triomphe et du repos seront dans l'autre vie [2] ».

C'est ainsi qu'il avait le secret de mener tout à bonne fin, ainsi qu'il multipliait son temps et son activité, par un sacrifice absolu

---

[1] Lettre, 10 janvier 1822.
[2] Id.   26 mars 1826.

des commodités de la vie et dans l'attente du seul repos éternel. — Donner son temps, ses forces, son cœur, voilà ce qui fait les grandes choses dans ce monde.

Grâce à de si puissants moyens d'action, grâce aussi à de nombreux renseignements que lui fournissait le Frère Directeur général, il lui fut possible de prêter un concours efficace au gouvernement de l'Institut. C'est ce qu'attestent les lettres qu'il écrivait de Blois, lettres où se révèlent sa haute sagesse, sa grande prudence, son inébranlable confiance en Dieu. On y voit que sa vigilance et sa paternelle sollicitude s'étendaient à tous les besoins, à tous les intérêts de sa chère Congrégation. Tout y était prévu, réglé avec cette mesure et cet ordre qui sont comme le cachet particulier des œuvres divines. On rencontre là, presque à chaque page, des preuves touchantes de la vive affection, du dévouement sans bornes d'un père qui veut voir ses enfants unis par les doux liens de la charité, riches de foi et d'espérance, désireux de poursuivre courageusement leur sainte carrière et goûtant les joies de la vie religieuse.

Dans deux de ces lettres, tout admirables de simplicité et où il entre dans les plus minutieux détails, il fait espérer aux Frères son prochain voyage à Lyon. Il leur annonce qu'aux vacances scolaires — celles de 1826 — il aura la joie de se trouver au milieu d'eux, sans doute en vue de leur donner une retraite, mais, en même temps, l'explication des Règles qu'il leur avait promises. Hélas ! il devait être privé d'un tel bonheur ! Il ignorait, ce bon Père, qu'il n'avait que peu de jours à vivre.

Il ne consultait point ses forces, et malgré les devoirs si multiples de sa nouvelle charge, il se livrait au travail pénible de la prédication. Cédant au désir de Mgr de Sauzin, il prêchait la station quadragésimale à Saint-Nicolas, seconde paroisse de Blois, où le ciel vint encore bénir les efforts de son zèle et de son ardente charité. Ses discours eurent, comme ailleurs, de merveilleux résultats. Là-dessus, écoutons M. l'abbé Venot, aujourd'hui grand vicaire du diocèse : « M. Coindre, nous écrit-il, n'avait fait que passer dans les diocèses de Tours, d'Orléans, de Blois, et il y jouissait déjà de la réputation d'un homme de talent, d'un grand orateur et d'un zélé missionnaire.

En 1826, il prêcha le carême à Saint-Nicolas, ma paroisse natale, et ce fut avec beaucoup d'éclat et de succès. J'avais alors à peine neuf ans ; toutefois, je me souviens encore de l'avoir entendu annoncer la parole sainte avec une ardeur qui me frappa. »

Vers la même époque, certains membres de l'administration diocésaine de Lyon conçurent le dessein de réunir les Frères Maristes à ceux du Sacré-Cœur. Il ne nous appartient pas d'apprécier les motifs qui les poussaient à cette entreprise. Sur cette question, si souvent agitée, de la fusion de toutes les Congrégations enseignantes en une seule, ou en un très petit nombre, il y a, comme dans toutes les affaires de ce monde, le pour et le contre. M. Cattet, alors supérieur des communautés religieuses du diocèse, était celui qui avait le plus à cœur de réaliser un pareil dessein. Il fit même part de son intention au Frère Directeur général. Inutile de faire observer que celui-ci en informa le P. Coindre qui, dans une lettre fort longue, et même un peu amère, lui affirme que ce projet de fusion n'avait aucune raison d'être. Voici un extrait de cette lettre écrite le 3 mai 1826 :

« ...Le génie remuant de M. Cattet doit nous apprendre la conduite que nous avons à tenir. Il est des hommes qui veulent tout défaire, afin de tout changer selon leur manière de voir. Défions-nous d'un pareil système... C'est bien peu connaître la nature humaine et les œuvres de Dieu que de penser à de telles fusions ; c'est comme si on voulait réunir plusieurs ménages ensemble et plusieurs Etats pour n'en faire qu'un seul... D'ailleurs, si ces messieurs sont contents de nos Frères, que leur faut-il de plus?... »

Cette réponse produisit un heureux effet sur l'esprit des Frères. Ils se réjouirent de voir leur vénéré Fondateur se montrer toujours inébranlable dans la résolution de conserver à son Institut des garanties de durée et le caractère d'une légitime indépendance.

Tout allait donc pour le mieux. La confiance réciproque du père pour les enfants et des enfants pour le père venait de se raffermir ; tous les nuages semblaient écartés ; l'avenir s'ouvrait riant, lorsque, tout à coup, arriva de Blois une nouvelle qui éclata comme un coup de foudre dans un ciel serein :

« Le P. Coindre était malade... le P. Coindre
était dans un état des plus alarmants !... »

Cette nouvelle ne se trouva que trop justifiée.
L'infatigable apôtre, en effet, s'était vu arrêté
au beau milieu de ses conquêtes spirituelles,
à la fleur de son âge, et dans la plénitude de
ses jours. Dieu se plait à montrer ainsi parfois qu'il n'a besoin de personne et qu'il peut
se passer du concours de ses meilleurs serviteurs. Le P. Coindre dut se mettre au lit à la
suite d'un excès de travail et d'incessantes
préoccupations. Il ne devait plus se relever.

Sa maladie prit, dès les premiers jours, le
plus fâcheux caractère ; les médecins décla-
rèrent que c'était une fièvre cérébrale. Le
délire que lui occasionna cette fièvre fit ressortir plus que jamais la perte immense que
les deux Instituts fondés par lui, ou, pour
mieux dire, le clergé de France et l'Eglise
tout entière, allaient faire dans sa personne.
La bouche du P. Coindre ne proférait que des
paroles qui indiquaient la grande passion de
sa vie : la gloire de Dieu et le salut des âmes.
Les pensées de la foi, les ardeurs du zèle qui
avaient toujours nourri, maitrisé son cœur
d'apôtre semblaient se maintenir puissantes

encore dans son âme ; car souvent on l'entendait s'écrier, avec l'accent d'une amère tristesse : « Oui, Dieu est trop offensé !... Il lui faut une victime !... » ou murmurer ces paroles d'un cantique bien connu, et qu'il avait fait chanter si souvent :

> Bravons les enfers,
> Brisons tous nos fers ;
> Sortons de l'esclavage...
> Divin Roi, jusqu'à mon trépas,
> Mon cœur te restera fidèle...

Dévouement sublime ! sentiment généreux Il soupirait sans doute après le sacrifice de sa vie pour apaiser la colère de Dieu outragé par les crimes des hommes ; il désirait voir se briser ses liens mortels, afin d'arriver plus tôt au grand jour de l'éternité bienheureuse.

Les prières des deux Instituts montaient vers Dieu ferventes et anxieuses pour le bien-aimé Fondateur. On ne pouvait s'imaginer qu'une carrière aussi brillante, aussi féconde, aussi pleine de promesses, non encore réalisées, pût se terminer si tôt et si brusquement. Puis, quelle douleur de voir ce Père bien-aimé mourir loin de ses enfants, sans recevoir leur dernier adieu ! La confiance s'obstinait dans les cœurs; on se disait que les nouvelles de Blois étaient peut-être exagérées...

Vain espoir! L'ouvrier évangélique avait accompli, dans une durée atteignant à peine la moitié d'une vie ordinaire, plus d'œuvres qu'il n'en faut pour remplir la vie la plus longue. Pour lui, qui avait porté le poids de la chaleur et du jour, avait sonné l'heure du repos. L'apôtre généreux, l'évangélisateur infatigable avait bien gagné sa récompense : il était digne d'être reçu dans le sein de Dieu et d'y jouir de la gloire des élus.

Il mourut à Blois, le mardi 30 mai 1826, âgé seulement de 39 ans et trois mois.

Essaierons-nous d'exprimer de quelle désolation la mort du P. Coindre fut le sujet pour ses Communautés ? N'était-ce pas pour elles une rude épreuve et, selon toute apparence, une perte irréparable ? Aussi, leurs Maisons offrirent-elles l'aspect de familles en deuil. Mais, dans leur affliction, ni les Dames de Jésus-Marie, ni les Frères du Sacré-Cœur ne perdirent courage. Ils mirent toute leur confiance en Celui qui est l'appui, l'espérance de la veuve et de l'orphelin. Ils puisèrent force et consolation dans les pensées de la foi et dans le souvenir du tendre Père qui les avait enfantés à la vie religieuse. En les quittant, ne leur avait-il pas laissé le précieux héritage de ses enseignements et l'exemple de toutes les vertus?

A l'occasion de la mort du P. Coindre, les Frères du Sacré-Cœur reçurent la circulaire suivante :

« Bénissons les impénétrables décrets de Dieu! Faibles mortels, qui de nous prétendrait sonder ses desseins? Notre digne Père Supérieur nous a été ravi, le mardi 30 mai..... Ah! qui pourrait assez déplorer cette perte! Il n'est plus, notre Père, et ses enfants spirituels se le voient enlever lorsqu'ils s'y attendaient le moins, au moment même où tout le rendait si cher à leurs cœurs. Nous comptions..., mais en vain : le Ciel en a décidé autrement. Ses jours étaient pleins, il était au terme de sa course, et la terre ne devait plus posséder un si rare trésor.

S'il est, du moins, quelque chose qui puisse soulager notre douleur, c'est que nous avons l'espérance de le rejoindre dans la céleste patrie. Là, un jour réunis, nous le verrons, triomphant à notre tête, chanter les louanges de Celui qui a fait le seul objet de ses désirs, de ses travaux, de ses sacrifices. Victime héroïque de l'amour divin — car c'est l'excès d'un travail tout employé à la défense de notre religion, qui nous l'a ravi — il brûlera éternellement du même amour. Il nous a frayé la voie; efforçons-nous de la suivre ; tâchons de pratiquer exactement nos saintes observances; ne dégénérons jamais de son esprit de foi et de zèle, et le Seigneur daignera bénir nos faibles efforts, récompenser nos bonnes œuvres par un centuple de grâces. »

C'est ainsi que pensent et agissent les hommes de foi. Ils adorent, ils bénissent avec amour la main de Dieu qui leur envoie les épreuves, les désolations, les angoisses. Ils savent que la Providence dispose les événements de manière à conduire tout à ses fins. Il faut savoir reconnaître ses desseins, toujours pleins de sagesse, et en retirer d'utiles enseignements. Pourquoi, par exemple, des hommes d'élite, de saints fondateurs sont-ils prématurément frappés? Un savant religieux répond en ces termes :

« Les Fondateurs sont choisis de Dieu pour un grand dessein ; mais souvent ils se couchent, avant l'heure, à la base et dans les fondements de l'édifice à bâtir pour en supporter le poids et lui donner de la solidité. Etre immolé d'avance, n'est pas la plus mauvaise part : c'est la pierre angulaire de toutes les fondations, depuis que Notre Seigneur a été immolé pour fonder son Eglise. Il a fallu, pour asseoir son œuvre sur des bases solides, que les Apôtres fussent immolés, et dans les fondements qui portent l'église vaticane, on vénère la tête des deux apôtres Pierre et Paul... On meurt et l'on fait place à d'autres ; il faut que le grain de froment tombe en pourriture pour fertiliser le sillon... »

CHAPITRE XIX

Portrait du P. Coindre

SES premiers enfants spirituels ont pleuré la perte de leur père, mort loin d'eux, mais ils se sont recueillis, pleins de soumission à la volonté divine qui les privait de leur conseiller, de leur appui, de leur guide. Recueillons-nous aussi à notre tour, et, avant que cette grande figure d'apôtre disparaisse à nos yeux, tâchons d'en esquisser les traits les plus saillants, et de peindre ce saint Missionnaire « comme l'un des hommes les plus faits pour fixer les regards de la postérité. » (C'. Donnet.)

Sous tous les rapports, le ciel l'avait admirablement favorisé pour remplir avec éclat et succès l'auguste ministère auquel il fut élevé. Ainsi que nous l'avons vu dans les pages qui précèdent, outre les dons de la grâce, il possédait toutes les qualités qui constituent un homme supérieur, et tous les talents qui distinguent les plus grands orateurs chrétiens. Qui n'aurait admiré cette physionomie mâle et gracieuse, cette taille élevée, ce port majestueux, tout cet extérieur enfin plein de noblesse et de grandeur ? Comment redire ici l'ampleur de cette voix forte, vibrante, qui trouvait au besoin des éclats de tonnerre ?

Comme nous l'assure un témoin oculaire, tout, dans le P. Coindre, parlait avec une puissance irrésistible : non seulement la dignité, la force de son langage, mais surtout la vive expression de ses traits, ses mouvements faciles, son front serein, son regard vif et animé. Tout cela avait je ne sais quoi d'imposant, de sympathique, qui captivait l'attention des fidèles et révélait un grand cœur, un cœur plein de tendresse et de zèle pour les âmes.

Aussi, ses auditeurs avaient-ils les yeux

constamment fixés sur lui ; ses confrères
eux-mêmes étaient si charmés qu'ils tenaient
à être en face de la chaire. Qu'il parlât dans
un vaste édifice ou en plein air, jamais on ne
se lassait de sa parole ; on n'entendait d'autre
bruit que celui de sa voix d'ailleurs si péné-
trante qu'elle arrivait distinctement jusqu'à
l'auditeur le plus reculé.

Doué d'un esprit vif, d'un jugement solide
et juste, il joignait les ressources de la dialec-
tique et du raisonnement le plus serré au don
de plaire et d'émouvoir. Grâce à une imagination riche, féconde, servie par une heureuse mémoire, il avait une manière à lui
pour exposer les vérités de la foi sous un jour
lumineux. Sa réputation d'ardente piété rele-
vait tous ses avantages naturels et les rendait irrésistibles. Riches et pauvres, savants
et illettrés, tous étaient heureux de l'entendre,
tous recevaient avec fruit les enseignements
de l'homme vraiment apostolique.

Là-dessus, rappelons le témoignage du cardinal Donnet, avec lequel il avait longtemps
exercé le saint ministère : « Depuis le P. Bridaine, dit ce savant prélat, jamais parole
aussi puissante n'avait retenti sous les voûtes

sacrées : solidité de la pensée, brillant de la forme, perfection de l'action oratoire, émotion communicative, tout ce qui impressionne et transporte un auditoire se trouvait réuni dans ses discours qui eussent soutenu la comparaison avec ceux des plus grands prédicateurs de notre temps... Mais qui pourrait se représenter la sonorité de l'organe, l'autorité du geste, cette passion oratoire et cette vibration de l'âme qui centuplait les forces de notre orateur?... Son zèle et sa piété lui étaient deux sources intarissables d'où l'éloquence jaillissait à flots pour convertir les âmes... A soixante ans de distance, j'entends encore sa voix tonnante qui terrassait le pécheur et l'amenait au saint tribunal. »

Mais que dire des qualités de son cœur? Que de riches trésors la main de Dieu n'y avait-elle pas jetés avec profusion! Quelle élévation, quelle noblesse dans ses vues et ses sentiments! Quelle générosité dans le service de Dieu! Quelle salutaire influence il exerça autour de lui par ses vertus comme par les accents passionnés sortis de son âme! N'en soyons pas surpris, car le Ciel lui avait donné le *cœur bon* et *grand*, ce fonds inépuisable de richesse et de puissance dont Mgr Dupanloup fait un si brillant éloge : « C'est par le cœur, écrit cet illustre prélat, c'est par cette puissance souveraine que l'homme devient noble, délicat, sublime ; par le cœur qu'il se donne après avoir tout donné ; par le cœur qu'il fait les choses héroïques, qu'il s'immole. Et il faut ajouter que le pouvoir du cœur en égale la richesse et la fécondité. Qui peut résister aux cris du cœur ? Les accents qui en viennent font tressaillir à travers tous les siècles ; de lui sortent ces belles et pures larmes dont parle le poète et que saint Augustin appelle le sang de l'âme. C'est le foyer de la grande éloquence, comme des grandes pensées et des grandes vertus [1]... »

Tel fut le cœur du P. Coindre : une source vive, pure, féconde de pensées bienveillantes, de sentiments tendres et forts, d'élans généreux, d'intrépides dévouements.

De là naissaient aussi la force et l'énergie de son caractère ; car, dit encore Mgr Dupanloup : « Les nobles résistances viennent du cœur ; mais sans le cœur le caractère tombe ;

---

[1] *Vie de Jésus-Christ*, préface.

sans cœur fort, pas de caractère vigoureux.
Le caractère n'est autre chose que la fermeté,
la noblesse et l'élévation du cœur [1]. »

Cette fermeté d'âme dont le P. Coindre fut
doué lui fut une immense ressource, un précieux point d'appui dans les différentes circonstances de sa vie apostolique. Avec sa
grande confiance en Dieu, ce fut elle qui le
soutint dans les difficultés, le rendit supérieur
aux évènements même les plus fâcheux. Ni
les contradictions, ni les épreuves, ni les
mille sollicitudes du saint ministère et du
gouvernement de ses Congrégations naissantes n'étaient capables d'altérer la sérénité
de son front, la paix de son cœur. « Il donnait à tous l'exemple de l'égalité de caractère », comme nous l'apprend le cardinal
Donnet.

S'il eût vécu, il est à croire que les plus
hautes dignités de l'Eglise lui étaient réser-
vées. Malgré sa modestie, il n'eût proba-
blement pu se soustraire plus longtemps
au redoutable honneur de l'épiscopat, pas
plus que ne l'évitèrent ses compagnons d'apos-

----

[1] *Vie de Jésus-Christ*, préface.

tolat dont les noms se sont rencontrés si souvent avec le sien, sous notre plume, et dont il était le chef reconnu. Oui, tout l'indique, il serait parvenu jusqu'à la pourpre romaine, et nul doute qu'il n'eût été une des plus grandes gloires de l'Eglise. Mais que sont les distinctions terrestres, qu'étaient-elles surtout à ses yeux? Il ne songea pas un instant à les regretter, lorsque vint pour lui ce moment suprême qu'il avait tant de fois annoncé aux autres et où tout nous échappe.

Il avait servi Dieu, et Dieu seul toute sa vie : l'honneur de ce service égale celui des trônes. « Servir Dieu, en effet, c'est régner ; *servire Deo regnare est.* » Il avait sacrifié pour lui son repos, sa santé, sa vie ; pouvait-il lui en coûter d'ajouter à ces sacrifices celui d'ambitions hypothétiques et fugitives ?

Il est mort victime de son zèle, mort avant l'heure, mais mort pour Dieu. Qu'importe que les honneurs l'aient oublié un peu plus tôt, lorsque déjà Dieu était devenu sa récompense ?

CHAPITRE XX

Jusqu'à présent nous n'avons guère considéré, dans le P. Coindre, que les actions qui ont successivement partagé le cours de sa vie; mais on le connaitrait bien imparfaitement si on s'en tenait là. Ce qui fait connaitre un homme à fond, ce qui fait briller sa vertu dans tout son éclat, c'est l'ensemble de sa vie, tant privée que publique; c'est sa conduite de tous les instants, quand il est seul et loin des regards, comme sous l'œil de la multitude qui l'observe ; c'est, en un mot, le portrait de son âme tout entière.

Il nous reste donc à étudier les vertus du P. Coindre, au moins celles qu'il pratiqua avec le plus de perfection. Admirant sa belle existence, si noblement remplie, le cardinal Donnet nous disait, le 1er avril 1880, ces paroles remarquables : « Oui, votre Fondateur était un homme selon le cœur de Dieu, un prêtre orné de toutes les vertus. Il a répandu sur les peuples des trésors de science, de lumière et de dévouement dont surabondait son âme... Par ses nombreuses prédications, comme par les œuvres qu'il a fondées, il a fait un bien immense. En lui, il y avait tous les caractères de la sainteté. »

Mais, avant de parler de ses vertus, nous dirons quelques mots de la *bonté* qu'il eut en partage, et à laquelle il fut en partie redevable de ses succès dans l'exercice de son ministère : ce qui nous fournira l'occasion de parler aussi de l'affection et de la bienveillance qu'il témoignait à ses Frères.

« Quand Dieu créa l'homme, dit Bossuet, il y mit particulièrement la bonté comme sa plus divine empreinte. » Or, la bonté qu'est-

elle, sinon cette puissance affectueuse et ex-
pansive qui se nomme l'amour et dont le cœur
est le foyer? « La disposition naturelle à
faire le bien, dit un pieux auteur, cette tendresse d'un cœur aimant, ce rayonnement
d'une âme sensible qu'on appelle la bonté, ne
peuvent rester longtemps sans être connus
et sans obtenir la plus douce des dominations,
celle des cœurs : celle-là est irrésistible et
pacifique; elle ne rencontre que des volontés
heureuses de lui céder... »

Cette belle qualité morale fut l'un des traits
les plus saillants du caractère du P. Coindre.
On pouvait dire de lui : « Il lui est échu en
partage une bonne âme. » (Sag. VIII.) Il avait
la bonté; il en possédait les charmes et la
puissance. De là, dans ses rapports avec les
gens du monde, comme avec ses confrères,
cet air affable, ces procédés pleins de grâce
qui lui gagnaient les cœurs; de là, ces témoignages d'estime, de confiance et d'affection
qu'ils ne pouvaient lui refuser.

C'était avec ces mêmes manières enga-
geantes et cette même inaltérable bonté de
cœur qu'il paraissait au milieu de ses Frères.
Il en était toujours le bienvenu, car tous

étaient sûrs de trouver en lui la tendresse et la bienveillance d'un bon père.

Dans l'intervalle de ses missions, surtout à l'époque des vacances, il aimait à avoir de fréquents rapports avec eux, et il mettait alors tout en œuvre pour leur faire du bien. Les instruire, leur donner l'élan généreux dans les voies du ciel, mettre à leur service tous les trésors de sa grande charité : c'était là, pour lui, un devoir; c'était aussi l'inclination de son cœur.

Quelle paternelle sollicitude n'avait-il pas pour leurs plus chers intérêts, ceux de leurs âmes! Guide éclairé et judicieux; cœur tendre et compatissant, il avait recours à toutes les industries pour leur rendre faciles et aimables les âpres sentiers de la vertu. Souvent son œil scrutateur savait découvrir en eux les causes de tristesse et de découragement. Celui qu'il voyait sous le poids de quelque affliction, et comme aux prises avec l'abattement et la lassitude, il le prenait à part, et, avec l'accent d'une douceur et d'une tendresse ineffables, il lui disait : « Mon cher ami, je vois que vous n'êtes pas content; faites-moi connaître vos peines, ce qui vous trouble et vous attriste. Ce n'est rien de sérieux, sans doute ; dites-moi tout avec franchise ; parlez, mon enfant. » Un simple aveu, un seul mot lui suffisait pour lire dans ce cœur qui toujours s'ouvrait à lui avec une entière confiance ; et aussitôt, par des paroles pleines de bonté, il y faisait renaître le calme, le courage et la paix, lui donnant à la fois lumières et consolations. C'est ainsi que, souvent, il a dissipé de fausses craintes, guéri des âmes inquiètes et qu'il les a rendues à la joie et à l'espérance.

Du reste, même dans ses courses évangéliques, il avait toujours les siens présents à l'esprit : ils étaient l'objet de son amour et de sa plus vive sollicitude. C'est ce qu'attestent ces touchantes paroles qu'il leur adressait, le 3 novembre 1821 : « Jour et nuit, ma pensée se porte vers vous... Comptez sur moi comme sur le plus tendre de vos amis et sur le père le plus zélé pour votre sanctification et votre bonheur. » Et, comme saint Paul écrivant aux Romains, il pouvait dire à ses Frères : « ... Dieu, que je sers de toute mon âme en annonçant l'Evangile de son Fils, m'est témoin que je me souviens de vous continuellement, et que je ne vous oublie dans aucune de mes prières. » (Rom. i, v. 9-10.)

Aussi que de témoignages de bienveillance ne leur donnait-il pas ! Son âme charitable et généreuse ne savait point calculer avec le sacrifice, et, au besoin, avec quelle ardeur il volait à leur secours ! En voici une preuve bien touchante :

C'était en 1823. Le P. Coindre donnait une mission à Saint-Didier-la-Séauve. Il y avait alors, à Monistrol, un jeune Frère qui, dégoûté de la vie religieuse, prit la détermination de rentrer dans le monde. Il écrivit en consé-quence à sa mère pour l'informer de sa réso-lution et du jour où il voulait se rendre auprès d'elle. A cette nouvelle inattendue, grande est la douleur de cette pieuse mère. Aussitôt elle fait part de la lettre au curé de sa paroisse. Or, celui-ci s'avise de la transmettre immédiatement au P. Coindre. Le saint Mis-sionnaire la reçoit vers les huit heures du soir, au moment même où il allait se met-tre à table, et après avoir passé toute la journée en chaire ou au confessionnal. Sans songer à la lassitude qui l'accable, il part à l'instant pour Monistrol. Après trois heures

de marche, il se trouve à la porte de l'établissement. Il frappe, et la Providence veut que
celui qui, le lendemain, doit lâchement abandonner son poste vienne lui ouvrir.

Comment peindre la surprise de celui-ci !
Que de sentiments se pressent dans son cœur !
Il n'ose parler... Le P. Coindre le rassure,
l'embrasse avec effusion et lui dit d'un ton
plein de tendresse : « Hé bien ! mon enfant,
que faites-vous ? » « Mon Père, répond le Frère
un peu confus, je m'ennuie et j'ai écrit à ma
mère que je voulais revenir à la maison
paternelle. » Touché de compassion, cet excellent Père parle à ce Frère avec tant de mansuétude et de bonté, que ce dernier, tout
honteux de sa faiblesse, promet de persévérer dans sa vocation. C'est de la bouche même
du Frère en question que nous avons entendu
ce touchant récit.

Encore un exemple qui prouve la sollicitude
et la bienveillance que ce vénéré Fondateur
avait pour tous les membres de sa Congrégation. Un jour, il arrive inopinément au
Pieux-Secours ; c'est l'heure à laquelle les
Frères prennent leur récréation. A sa vue,
tous aussitôt se précipitent dans ses bras. Le

Père et les enfants ont le bonheur de se revoir, la joie éclate sur tous les fronts. Cependant le P. Coindre s'aperçoit qu'il lui manque un de ses disciples; il semble inquiet; mais on le rassure en lui apprenant que ce Frère est alors occupé à laver la vaisselle. A l'instant même, il se rend à la cuisine; et là, il embrasse son enfant avec des marques de la plus vive affection, et lui exprime la joie qu'il éprouve de le voir remplir l'humble office que l'obéissance lui a prescrit.

Pour être bon et aimable envers tous, le P. Coindre n'avait qu'à suivre la pente de son âme naturellement portée à la bienveillance. Toutes ses paroles révélaient la tendresse de son cœur.

CHAPITRE XXI

Son esprit de foi

E juste vit de la foi, dit saint Paul. Soleil des âmes, la foi les environne de sa pure et douce lumière, comme d'un glorieux vêtement; colonne mystérieuse, elle guide leurs pas dans le désert de la vie, les transporte au-delà de ce monde, leur découvre de sublimes horizons, les introduit dans cet autre monde où éclatent à leurs yeux les plus ravissantes merveilles. C'est dans cette région calme et sereine, que les saints se forment, que leur esprit s'illumine de l'éclat, de la splendeur de l'éternelle lumière, que leur cœur se nourrit de la vérité, qu'ils s'enrichissent des ineffables trésors de la sagesse et de la science d'en haut. L'esprit et le cœur du P. Coindre reçurent abondamment ces divines influences.

Il possédait à un degré éminent le don précieux de la foi et tous les biens qui en découlent. Quelle connaissance profonde n'eût-il pas de ses sublimes enseignements! Et comme il éprouvait vivement le besoin de les annoncer aux peuples accourus pour l'entendre! Que de courses et de sueurs, que de sacrifices, que d'études, que de prodiges de charité pour obtenir le triomphe de la foi dans les âmes!

Afin d'engager les fidèles à conserver intact le dépôt sacré de la foi et à illuminer leur vie de ses rayons bienfaisants, il leur rappelait que, privé de ce flambeau céleste, l'homme s'égare, fait fausse route dans le chemin de l'éternité. « Si vous aviez perdu le don précieux de la foi, s'écriait-il, hélas! tout serait perdu pour vous : car, alors, au milieu du torrent des choses qui passent, non seulement vous ne vous détacheriez pas, comme vous le recommande l'apôtre, de celles mêmes qui sont permises, mais vous auriez encore le malheur de vous livrer à de coupables plaisirs, comme s'ils devaient durer toujours ; vous seriez ambitieux et avares, comme s'il n'y avait point d'autre gloire, d'autres honneurs que ceux d'ici-bas, d'autres richesses que celles de ce monde. Sans la foi, vous renverseriez l'économie de la Providence ; vous mettriez votre fin dernière dans ce qui n'est qu'un moyen pour y arriver ; vous préféreriez un atôme à ce qui est immense, un néant à ce qui est infini… Ah ! puissiez-vous voir un déluge de maux fondre sur vous, plutôt que de perdre le don inestimable de la foi, l'unique bienfait de la terre !… Mais, ne l'oublions pas, la religion a son côté ténébreux pour rendre notre foi méritoire, et son côté lumineux pour la rendre certaine. Marchons à sa lumière, en attendant qu'un jour elle nous soit entièrement manifestée… »

Humble, éclairée, sa foi était surtout pratique, féconde en bonnes œuvres. N'est-ce pas elle qui le fit progresser dans les voies du ciel, lui fournissant les moyens de « croître en Dieu et de faire croître Dieu en lui, » comme s'exprime saint Paul (*Col.*) ? elle qui le rendit fort dans les combats du Seigneur ?

elle qui, l'animant de son souffle divin, le rendit si persuasif et si pathétique dans ses discours? elle enfin qui lui inspira tant de saintes entreprises, le soutint dans les fatigues, dans les plus rudes labeurs et dans les épreuves de la vie?

Est-il besoin d'ajouter que la foi de notre saint Missionnaire était pleine de confiance et de sécurité au milieu des agitations de la terre? Ne demeurait-elle pas inébranlable, malgré les assauts de l'enfer, malgré les attaques incessantes et multipliées contre l'Eglise, attaques, du reste, dont elle est l'objet depuis sa naissance? Comme il aime à la proclamer toujours invincible, toujours triomphante, grâce à la constante protection de son divin Fondateur! Qu'il est heureux et fier de la voir, à travers les siècles et par tout le monde, poursuivre le cours de ses immortelles destinées! Il lui est doux de contempler cette Eglise qui, dit-il « traverse dix-huit siècles d'écueils et de tempêtes, alors que tant de villes, tant de nations ont disparu pour jamais ; alors que tant d'empires ont croulé en la laissant debout et sûre d'accomplir sa glorieuse mission jusqu'à la fin du monde.

« Oui, tyrans, s'écrie encore le P. Coindre, j'aperçois vos bûchers, vos glaives et vos amphithéâtres, sur lesquels ruisselait le sang des martyrs ; hérétiques, j'entends vos clameurs, j'aperçois vos intrigues, vos armes et les plaies que vous vouliez lui faire ; mais, vous-mêmes, où êtes-vous ? qu'êtes-vous devenus ? *Dixi...* *Ubinam sunt ?* Votre silence et l'oubli même de vos noms, tout me dit que vous n'êtes plus, et que l'Eglise triomphe. Que le monde donc, comme une mer en furie, se jette tout entier sur la sainte Eglise ; que les flots de l'impiété et les passions s'agitent et s'élèvent contre elle : ils se briseront contre la pierre posée par Jésus-Christ lui-même, et s'en retourneront en écume impuissante... Préparer des combats à l'Eglise, c'est lui préparer la victoire. Le bras qui la porte et la protège, impies, il est dans les cieux : voyez si vous pouvez l'atteindre. » *(Sermon sur l'Ascension.)*

Ecoutons encore les chaleureux accents de sa foi. Quelle énergie, quel courage dans ces autres paroles, jetées comme un solennel défi aux persécuteurs acharnés de l'Eglise ! « Ah ! que les impies sonnent la charge!... les yeux fixés sur la sainte montagne d'où nous vient tout secours, nous les attendons de pied ferme. Notre sang pourra couler, mais il cimentera l'immense rempart de l'Eglise. Ils pourront séparer nos membres, mais ils ne sépareront jamais, non jamais, nos cœurs de la charité de Jésus-Christ. Qu'ils élèvent et fassent briller leurs glaives avec une dédaigneuse fierté!... nous leur présenterons nos poitrines et nos têtes, car l'aspect du combat ne saurait nous effrayer... »

Tel est le langage de la foi; telle est la force, tel est l'enthousiasme généreux et sublime qu'elle inspire. Comme les héros chrétiens des premiers siècles de l'Eglise, le P. Coindre trouva dans cette foi tous les courages et toutes les énergies, n'espérant d'autre gloire, d'autres richesses, d'autres palmes que celles des apôtres et des martyrs.

CHAPITRE XXII

Son espérance et sa confiance en Dieu

APPUYÉE sur la foi, comme sur une base inébranlable, l'âme du juste s'élève jusqu'à la hauteur des promesses divines ; elle a le sentiment de ses hautes destinées : aussi « ne se consume-t-elle point à la poursuite des ombres de la vie. » (*Job.*) Sans doute, elle est assujettie à la vanité ; elle gémit de son esclavage ; de nombreux ennemis lui font la guerre ; mais en même temps elle sait d'où lui viennent le secours et le salut. La grâce est son soutien et sa force ; elle s'anime à la vue des éternelles récompenses qui doivent un jour couronner ses efforts et ses combats. Et, au milieu des tristesses de la vie et des amères douleurs de l'exil, volontiers elle répète avec le prophète royal : « J'ai crié vers vous, Seigneur, et je dis : vous êtes ma seule espérance ; vous êtes mon héritage dans la terre des vivants » (*Ps. 142, v. 6*) ; ou, avec l'auteur de l'*Imitation* : « Protégez et conservez l'âme de votre pauvre serviteur au milieu des dangers de cette vie corruptible ; que votre grâce l'accompagne et le conduise, par le chemin de la paix, dans la patrie de l'éternelle lumière. » (*Livre III, ch. 59.*)

Tels sont les sentiments et les aspirations des Saints. À leur exemple, le P. Coindre ne soupirait qu'après la possession de Dieu dans le ciel. C'était là le but de toutes ses pensées et de toutes ses actions. En même temps qu'il mettait en Dieu toute sa récompense, il mettait en lui toute sa confiance. Dans les difficultés de la vie, et au milieu des évènements d'ici-bas, il se reposait dans le sein de la Providence avec un filial abandon. Sa confiance en elle était admirable. « Que personne, écrivait-il, à ses Frères, ne se livre à l'inquiétude : la Providence est toujours là pour nous

assister dans tous nos besoins. Depuis quatre
ans, et à point nommé, elle est venue à mon
secours, quand je n'avais plus aucunes ressources. » *(Lettre, mai 1826.)*

Cette confiance en Dieu, tout imprégnée
de tendresse en faveur des âmes, faisait
éprouver au P. Coindre, sans qu'il songeât
jamais aux difficultés que lui créaient le
temps où il vivait et la multiplicité de ses
fondations, un impérieux besoin d'agir toujours et d'employer tous les trésors de zèle,
toutes les ardeurs de charité que déposa dans
son âme la sainte ordination. Il fut l'ouvrier
de la divine parole. S'il put être, en même
temps, par les œuvres qu'il laissa derrière lui,
l'homme de la Providence, l'instrument des divines miséricordes, c'est qu'il compta toujours
sur la protection du ciel, protection d'ailleurs
qui ne lui fit jamais défaut. Aussi, quels fruits
merveilleux dans l'exercice de son apostolat!
quelle imperturbable sérénité devant les défections de ses amis, devant les défiances qu'il
rencontrait là même où il n'eût dû trouver
que des encouragements! Il savait de quel
pouvoir est l'abandon complet de notre sort
dans les mains de la Providence. Il en avait

éprouvé les fortes influences, et il pouvait bien s'écrier avec l'Apôtre : « Je puis tout en celui qui me fortifie. » Il pouvait aussi recommander aux siens de tout espérer de la protection divine, dans les circonstances les plus difficiles et les plus critiques. « *Courage et confiance* : voilà ma devise, leur écrivait-il ; ce doit être aussi la vôtre. Sans courage il n'y a pas de vertu solide, pas même l'espoir de réussir dans les affaires temporelles ; sans confiance on est comme désarmé dans le combat, et il n'y a pas de bonheur à espérer dans l'autre vie. »

Au frère Borgia, Directeur général, qui ne se croyait pas à la hauteur de sa mission, et dont l'énergie et la force d'âme faiblissaient parfois en présence des obstacles qu'il rencontrait dans l'exercice de sa charge, il adressait ces encourageantes paroles : « Songez que les éléments de la Congrégation se multiplient, et que, par votre seule persévérance et votre dévouement, vous aurez devant Dieu, le mérite d'avoir mis la première pierre à l'édifice et d'en être l'un des principaux ouvriers. Votre exemple a soutenu bien des âmes dans le chemin de la vertu, et en soutiendra

plusieurs longtemps encore, comme votre découragement porterait la plus mortelle atteinte
aux vocations de celles que vous avez formées.

« Cherchez à faire le bien et soyez tranquille : personne ne vous en ravira le mérite
devant Dieu. Poursuivez donc votre œuvre
avec courage et persévérance ; appuyez-vous
toujours sur la protection du Seigneur. »
(Lettre, 15 mai 1823.)

« La confiance, a dit un auteur, est si émi-
nemment pratique qu'elle ne peut rester à
l'état platonique ou de douceur intérieure ; il
faut qu'elle éclate en action. Elle est essen-
tielle à la vie militante ; elle sent le besoin de
se signaler par des actes héroïques, mais
toujours sous les regards et la protection du
Tout-Puissant. La sainteté et le travail qui a
pour objet la sanctification des âmes exigent
de tels actes. » C'est ce que le P. Coindre
rappelait souvent à ses Frères. Afin d'en-
flammer leur ardeur, de relever leur courage
dans leur vie de dévouement et de sacrifice,
il les excitait à porter leurs pensées, leurs
espérances vers le ciel, prix de leurs travaux
et de tous les combats entrepris pour la
gloire de Dieu et le bien des âmes.

« Qu'ils sachent, écrivait-il encore, qu'ils n'oublient jamais que, sans privations et sans gêne, il ne leur est pas possible de servir le Seigneur comme il faut, ni de s'occuper avec fruit au salut du prochain. Les soldats qui combattent pour leur prince ne font-ils pas de grands sacrifices? Cependant ils n'attendent pour prix de leurs peines qu'une décoration que la mort leur enlève; tandis que nos Frères ont en perspective une « couronne immortelle » selon l'expression de l'apôtre.

C'est par de tels enseignements que le saint Fondateur s'efforçait d'inspirer à ses Frères cette confiance inébranlable qui l'animait sans cesse « cette confiance qui, comme le dit un pieux auteur, est le bonheur de la religion, le rayon de soleil sous lequel la persévérance est plus facile, la lumière où toutes les vertus trouvent à se combiner librement » (*P. Faber*); confiance nécessaire au salut d'après ces paroles de la Sainte-Ecriture : « Malheur à ceux qui manquent de cœur, et qui ne se fient point en Dieu! car c'est pour cela que le Seigneur ne les protège point. » (*Eccl.* ch. II, v. 15.)

CHAPITRE XXIII

Son Zèle

Dieu est admirable dans ses Saints. C'est surtout leur âme qu'il a rendue le sanctuaire de ses plus étonnantes merveilles. Ornés des magnificences de la grâce, ils sont un objet d'admiration pour les anges. Riches des dons et des biens célestes, ils les font valoir au centuple pour eux, pour leurs frères et pour la gloire du divin Maître. De là, ces œuvres sublimes qu'ils accomplissent et qui sont le plus beau spectacle donné au monde; de là, aussi, ces vertus aimables et solides qui distinguent les héros de l'Evangile. C'est ce que nous avons pu admirer dans la vie de notre zélé Missionnaire. Comme son glorieux patron saint André « il alla devant la face du Seigneur pour préparer ses voies, pour donner à son peuple la science du salut et la rémission des péchés. » (*Saint Luc*, i, 76.) Il travailla, par ses prédications incessantes, à étendre le règne de Jésus-Christ ; et, dans les élans de sa piété filiale, il exalta partout les gloires incomparables de Marie. Il réalisa enfin, par les merveilles d'un zèle apostolique, ces paroles du divin Sauveur : « Je suis venu apporter un feu sur la terre, et que veux-je, sinon qu'il s'allume. » (*Saint Luc,* xii, 49.)

Celui qui, dans l'exercice du saint ministère, veut combattre efficacement le vice, régénérer les âmes, les élever jusqu'à Dieu, a sans doute besoin des lumières de la science, et, dans une certaine mesure, du talent de la parole ; mais pour obtenir ces beaux résultats, seules, ces ressources peuvent-elles suffire ? Nullement, car, dit Mgr Dupanloup : « Les esprits les plus éclairés ne sont trop souvent que comme un de ces soleils d'hiver qui peut éblouir, mais n'échauffe pas, » ou comme un feu d'artifice qui brille, éclate en traits de lumière et laisse tout dans les ténèbres. « Que de discours éloquents ont retenti du haut de nos chaires, dit un pieux auteur, à ce sujet ! que de controverses habiles et savantes ont amené à leurs pieds une foule avide de les entendre ! Tous ces efforts de la parole humaine ont, sans nul doute, pu détruire des préjugés, écarter des obstacles, réconcilier avec la vérité catholique une multitude d'esprits égarés. Mais la victoire fût restée incomplète si les cœurs n'avaient pas été ravis et comme subjugués par la sainteté de nos modernes apôtres, par l'austérité de leur vie, par les élans de leur charité, par le charme de leur héroïque dévouement. Non, que nul ne s'y trompe, la philosophie peut faire des sages, la foi seule enfante des chrétiens. » *(Desgeorge.)*

L'auteur de ces lignes a ici principalement en vue ces Missionnaires à l'âme élevée, au cœur brûlant des flammes de la divine charité qui parurent sous la Restauration et qui, par leur éloquence, et plus encore par leurs vertus, opérèrent tant de merveilles dans les diocèses où ils exercèrent leur apostolat.

Du sein de cette phalange d'apôtres, nous avons vu se détacher plusieurs figures qui nous semblent résumer toute cette époque d'efflorescence chrétienne, de régénération sociale : les figures des Rauzan, des Guyon, des Donnet, des Dufètre, des Parisis, etc. ; mais, parmi elles, apparait au premier rang celle du P. Coindre. Comme ces orateurs chrétiens, ses compagnons de labeur, le P. Coindre avait cette entrainante et divine éloquence qui donne un empire absolu sur les esprits et sur les volontés. Comme leur vie, sa vie était celle d'un saint, aux vertus héroïques. Une étincelle du Cœur de Jésus était tombée dans son cœur; elle y avait allumé cet incendie d'amour, cette flamme mystérieuse du zèle qui ne permet pas aux ouvriers de l'Evangile de goûter le repos, et qui est la plus complète manifestation, le plus beau rayonnement de la charité chrétienne.

Avec le souffle puissant de la foi, le grand zèle anima donc sa vie sacerdotale ; c'est ce qui la rendit si utile et si féconde. Sans doute, il devait à sa vigoureuse constitution

de supporter les plus rudes labeurs de l'apostolat et les mille sollicitudes que lui causaient
ses diverses fondations; mais, il faut bien le
dire aussi, ses qualités naturelles le préparaient à être un instrument puissant sous
l'action de la grâce. De fait, la nature,
chez lui, n'était qu'un agent docile auquel
la grâce donnait l'impulsion et la vie. De là,
cette énergie de volonté, cette activité inces-
sante pour le travail et pour les bonnes
œuvres; de là encore cette constance invincible et ces prières ardentes qui alimentaient
et soutenaient son zèle aux jours de l'épreuve
et des douloureux sacrifices, aux jours des
tribulations et des angoisses. « Nous souf-
frons, écrivait-il, hé bien, tant mieux! Nous
marchons à la suite des Apôtres, qui ont
essuyé bien des traverses; des martyrs, qui
ont versé leur sang pour affirmer leur foi; de
Jésus-Christ, qui est entré dans la gloire par
les humiliations, les persécutions et la mort
la plus cruelle. Par-dessus tout, n'ayons en
vue que la volonté très aimable et très adorable de notre Père céleste. » *(Lettre, mai
1823.)*

Puissance admirable que celle de la Croix

et du zèle enfanté, nourri à l'ombre de la Croix! Elle élève les âmes généreuses jusqu'à l'héroïsme de la patience et de la résignation, jusqu'à la hauteur du devoir et du sacrifice inspiré, accompli par l'amour! Pendant les dernières années de sa carrière, le P. Coindre était parfois atteint de la goutte; mais il s'efforçait de la combattre par une vie sobre et très active, se faisant violence pour surmonter la souffrance, afin de pouvoir vaquer quand même à ses œuvres de zèle. Eprouvait-il de fortes crises, l'intensité du mal avait-elle le dessus, c'était alors seulement qu'il se contraignait à garder la chambre; mais alors encore son âme semblait triompher de la douleur. L'esprit toujours en haut, le cœur content, le front serein, il chantait le cantique qui commence par ces paroles :

> Voilà donc mon partage :
> La souffrance ou la mort.
> Dieu l'ordonne, il est sage ;
> Je dois bénir mon sort.

C'était surtout pendant les missions qu'il déployait ce dévouement incomparable, ce zèle impétueux, dignes des plus intrépides apôtres. Ce zèle, on peut le dire à sa louange, le poussait parfois jusqu'à ces heureuses témérités toujours justifiées par l'intention et couronnées par le succès. En chaire, il parlait avec tant de véhémence et de chaleur que souvent à la fin de ses discours, exténué de fatigue, il était comme hors d'haleine. Plusieurs fois, ses confrères avaient tenté de modérer son ardeur, lui faisant observer que, par là, il compromettait sa santé, sa vie même. Ils n'avaient que trop raison, mais ce fut peine inutile.

On rapporte que, durant une mission qu'il donnait dans une ville importante, il passa cinq nuits de suite sans prendre le moindre sommeil. Le jour, après avoir prêché, il se livrait au ministère pénible de la confession ; la nuit il enseignait le catéchisme à ceux qui ignoraient les vérités essentielles de la religion. De quoi la charité n'est-elle pas capable, quand il s'agit d'enfanter des élus pour le ciel !

Le zèle du P. Coindre était aussi courageux que prudent et sage, ne craignant ni les clameurs insensées, ni le blâme des méchants. Aussi, avec quelle énergique et sainte liberté ne flétrissait-il pas, non seulement le vice, mais encore les abus, de quelque nature qu'ils fussent, les actes qui ne revêtaient pas le caractère du strict devoir et d'une exacte probité! Ainsi, à Yssingeaux, durant une mission qu'il y prêchait, il fit un acte de courage qui mérite d'être cité. Avec la prudence, le tact et l'habileté de langage qui lui étaient si naturels, il s'éleva un jour avec force contre l'amour excessif du gain, amour qui trop souvent se traduit en actes réprouvés par la loi divine. Dans son instruction, il visait surtout les profits sordides et injustes que certains officiers ministériels retiraient de l'exercice de leurs fonctions. Il est des gens que la vérité choque toujours, parce qu'elle les atteint. Or, parmi les avocats, les avoués, les notaires, les huissiers d'Yssingeaux, plusieurs ayant eu connaissance des sévérités du P. Coindre et de la hardiesse de sa parole, en furent vivement blessés. Sur les règles de la probité avaient-ils des reproches à se faire? Leur vertu, dans l'exercice de leur charge, ne se trouvait-elle pas intègre en tous points? Nous ne saurions le dire. Ce que nous pouvons affirmer, c'est que, dans une réunion composée d'hommes de loi et d'affaires, après

de violentes récriminations, on fit entendre
des paroles de colère, de menaces même, à
l'adresse du prédicateur. Ces propos violents,
tenus contre lui, lui furent rapportés, mais il
n'en fut point ému. « Ni les censures, ni les
blâmes, ni même les menaces de ces messieurs ne m'effrayent, dit alors le P. Coindre.
Aujourd'hui, à 7 heures du soir, je prendrai
encore la parole sur le sujet que j'ai traité
hier, sujet qui exige d'autres développements.
Qu'on veuille bien leur faire savoir à tous
que je serai heureux de les compter au nombre de mes auditeurs, et que je les invite à
venir m'entendre. » Ce qu'ayant appris, ils se
rendirent, en effet, à l'invitation du courageux
Missionnaire. A peine celui-ci fut-il entré en
matière qu'ils furent frappés d'admiration et
de respect ; leurs injustes préventions ne pu-
rent tenir contre la force de ses raisonnements.
Charmés de son talent comme de son énergie
et de la sagesse de son langage, ils se retirè-
rent bien persuadés qu'il est des circonstances.
dans la vie du ministre de l'Évangile, où le
cri du devoir et de la conscience doit tout
dominer, où les principes en jeu ne lui per-
mettent pas de se taire, ni de transiger. Ces

circonstances, le zèle éclairé du P. Coindre les saisissait toujours avec bonheur, heureux d'arracher les âmes aux étreintes du vice et de l'erreur et de les placer dans les bras de la vertu.

Que dire encore du zèle du P. Coindre? Ne fut-il pas aussi généreux qu'intrépide? Rien, en effet, n'était capable d'en affaiblir les saintes ardeurs : ni les frimas de l'hiver, ni les chaleurs de l'été, ni l'intempérie des saisons, ni les nombreux et pénibles voyages, (souvent il prêchait le même jour dans deux paroisses assez éloignées l'une de l'autre), ni les privations et les fatigues, ni les plus grands sacrifices. Dès lors, faut-il être surpris que, dans l'espace de dix ans, il ait pu donner plus de cent missions ou retraites ; qu'il ait encore consacré une partie de son existence à la création et au succès d'œuvres qui lui ont permis « d'épancher son âme dans celle du pauvre, de verser d'abondantes consolations dans le cœur de l'affligé » *(Isaïe, ch. LVIII)*, de multiplier enfin des moyens de salut en faveur de l'enfance et de la jeunesse? Et ainsi, en peu de temps, quel bien n'a-t-il pas fait ! Que d'âmes il a sauvées ! que de jeunes cœurs il a préservés de la corruption du siècle et fait marcher dans les sentiers bénis de l'innocence !

Ajoutons que la chaire n'était pas le seul théâtre où il déployait son active charité. Malgré tant de travaux entrepris pour la cause de Dieu et du prochain, son zèle et sa piété, dans l'intervalle de ses missions, furent toujours au service des âmes qui le choisirent pour leur confident et leur guide dans les voies de la sainteté. Plusieurs d'entre elles y firent de grands progrès, embrassèrent la vie religieuse et devinrent plus tard des sujets distingués de leur congrégation.

CHAPITRE XXIV

Son extrême horreur pour le vice

Si la vue d'un pauvre mendiant, souffrant le froid, la faim et des douleurs aiguës nous émeut de compassion et fait monter des larmes à nos paupières, le péché, ce mal suprême qui tue les âmes, peut-il laisser notre cœur indifférent et glacé? Les saints, vivement éclairés par la foi, ont, mieux encore que les autres, l'estime de la valeur d'une âme chrétienne, et ils l'ont à tel point qu'ils sont prêts à verser leur sang pour délivrer un de leurs frères des liens honteux du péché.

Comme eux, le P. Coindre avait une sou-

veraine horreur du péché ; à leur exemple, il
travaillait de toutes ses forces pour le combattre et en détruire le règne dans tous les
cœurs. « Le péché, s'écriait-il, le voilà ce
grand, ce cruel ennemi du genre humain ! »
Aussi, dans la plupart de ses sermons, comme
il en dépeint toute la malice ! avec quelle
force il signale les affreux ravages qu'il produit dans les âmes assujetties à son empire!

Et, en même temps, il faisait connaître à
ses auditeurs les causes du péché, c'est-à-dire
ces funestes penchants, ces vices qui aveuglent
l'homme, le courbent vers les jouissances
grossières de la vie présente, font peser sur
lui la plus cruelle domination, le tyrannisent,
le poussent à tous les excès, et enfin
aux abimes. Mais si, avec des paroles de
feu, il stigmatisait l'orgueil insensé, la folle
ambition, l'amour déréglé des biens périssables de ce monde, il était un vice contre lequel
sa voix s'élevait encore avec plus de force,
avec des accents plus émus et plus indignés.
S'il exaltait la vertu des Anges avec une rare
noblesse de pensées, il peignait le vice qui
lui est opposé avec des couleurs tellement
hideuses, des traits si vifs et si repoussants

qu'il en inspirait à tous cette horreur souveraine dont il était lui-même rempli. Et par là que d'âmes il a préservées d'un triste naufrage ! Combien n'en a-t-il pas arraché aux brasiers de l'enfer !

Son aversion pour le plus odieux des vices, il s'efforçait de l'inspirer à ses Frères ; il leur disait : « L'œuvre des écoles m'est bien chère ; pour elle je me suis imposé de grands sacrifices ; je m'en imposerai encore ; mais pour la faire prospérer, il me faut des sujets dont la vie et les mœurs soient pures. Si j'apprenais jamais que quelqu'un, parmi vous, fût esclave de la plus ignoble des passions, je le chasserais immédiatement, je ne ferais grâce à personne : car une telle œuvre ne peut être confiée qu'à des amis de la plus aimable des vertus. »

Oui, à l'enfance il faut des gardiens, des protecteurs et des modèles. Ah ! loin d'elle donc les âmes souillées et flétries !... Malheur à celui qui scandalise un de ces petits ! l'Evangile a prononcé contre lui les plus terribles anathèmes.

CHAPITRE XXV

Son humilité

CETTE vertu était si profondément gravée dans le cœur du P. Coindre, il en avait si bien l'esprit et les sentiments qu'elle paraissait dans son extérieur et dans toute sa conduite. Il l'avait étudiée à l'école du divin Maître, dont les exemples et les leçons furent constamment la règle de sa vie.

Les merveilleux succès de son ministère, il les rapportait toujours à la gloire de Dieu et les attribuait à l'action de la grâce qui agissait en lui. Ne savait-il pas, du reste, que l'homme n'est rien par lui-même et que, pour recueillir le fruit de ses labeurs, il a besoin du secours d'en haut ?

Lui arrivait-il, au milieu de ses triomphes apostoliques, d'être l'objet de manifestations enthousiastes ; un concert d'approbations, de murmures flatteurs, ou même d'applaudissements s'élevait-il autour de lui, son âme savait se mettre au-dessus des traits dangereux de l'amour-propre et de la vaine gloire. Aussitôt il réprimait ces applaudissements, ne profitant de cette occasion que pour se montrer et plus modeste et plus humble. « Aimons, disait-il, notre devoir et non la vaine approbation de nos semblables, la vérité et non l'apparence, la satisfaction de la conscience et non les louanges des hommes, la gloire de Dieu et non la nôtre. Je me séduis moi-même, si je crois avoir quelques talents, et la gloire que je pourrais en tirer ne serait que le fruit de ma vanité, l'enfant de mon orgueil, peut-être la matière des feux éternels de l'enfer. Après tout, quand je me croirais au-dessus de tout le monde, quand même on me louerait, on m'encenserait comme une idole, je n'en serais ni meilleur, ni mieux partagé, parce que le Seigneur réduira au même néant toute grandeur, toute gloire humaine, tout simulacre de vanité. » (*Lettre aux Dames de Jésus-Marie.*)

L'âme véritablement humble aime à vivre dans l'oubli et les abaissements, loin des regards du monde. Elle ne désire d'autres faveurs que le mépris, d'autre gloire que celle de marcher à la suite de Jésus-Christ, qui a fui les honneurs et s'est anéanti pour confondre et briser l'orgueil de l'homme. Le P. Coindre désirait que les Frères du Sacré-Cœur entrassent résolûment dans cette voie de sacrifice et d'immolation. Il leur disait : « Courage, mes Frères bien-aimés ! attendez-vous à des humiliations ; cela vous est plus utile que les louanges. Soyons persuadés que le bon Dieu nous aimerait beaucoup, s'il nous donnait l'occasion de mettre en pratique cette belle maxime de l'*Imitation* : « Aimez à être « méprisés et comptés pour rien... La force « d'inertie que donnent l'humilité et la « patience est celle que vous devez opposer « aux attaques des méchants. »

Et ses exemples venaient confirmer ce qu'il enseignait si bien par ses écrits et par ses paroles. Voici un trait qui prouve combien il s'estimait heureux de s'abaisser comme son divin Modèle.

Un jour, à Monistrol, les Missionnaires se trouvaient réunis pour l'exercice de la coulpe. A son tour, le P. Coindre, leur Supérieur, fit aussi l'accusation de ses défauts ; mais la prière qui la terminait étant restée sans réponse, il dit : « Hé bien ! puisque vous ne voulez pas m'imposer une pénitence, celle que je ferai sera de vous baiser les pieds à tous. » Et il exécuta à l'instant cet acte d'humilité profonde.

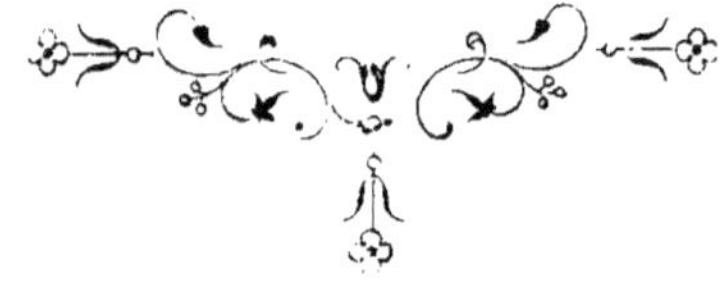

CHAPITRE XXVI

Sa dévotion au Sacré-Cœur

COMME tous les apôtres de la divine charité, le P. Coindre eut une grande dévotion au Cœur adorable de Jésus. Il avait étudié et compris la nature, les caractères de l'amour infini dont ce Cœur est le foyer : amour qu'ont surtout manifesté les anéantissements du Verbe divin, les merveilles de l'Eucharistie, l'immolation du Calvaire.

La contemplation de ces grands mystères avait ravi son âme. De la connaissance qu'il en avait acquise jaillirent, à ses yeux, les vives

lumières à la faveur desquelles il lui fut donné
d'entrevoir les perfections et les richesses ineffables renfermées dans le Cœur de l'Homme-
Dieu, dans ce Cœur, victime d'amour,
consolation des affligés sur la terre, éternelle
joie du ciel. Ces influences divines lui inspi-
rèrent les plus beaux sentiments, les plus
généreuses déterminations. De là, son vif
intérêt de l'Eglise et des âmes ; de là, cette
force qui l'accompagna partout, cet ardent
amour envers le divin Cœur, qui lui fournit des
moyens efficaces pour obtenir du succès dans
ses entreprises, et pour gagner le cœur des
autres.

Le P. Coindre s'efforça d'entrer dans le
Cœur de Jésus-Christ. Il le considérait comme
le chemin qui conduit au salut éternel, comme
la porte qui nous fait entrer dans la contemplation de Dieu même. Lui offrir ses hommages, l'imiter, le faire connaître, ce fut là
le premier objet de sa piété et le sujet
ordinaire de ses instructions. Il regardait
les sacrements comme les plus admirables inventions de la charité de Jésus-Christ,
les plus tendres effusions de son Cœur, les
plus merveilleux canaux de la grâce.

Il aimait surtout à exalter l'auguste mystère de l'Eucharistie, à publier la bonté de Notre-Seigneur, qui nous prépare, au Tabernacle, avec de grands bienfaits, les ineffables consolations de sa présence, au milieu des fatigues, des souffrances et des agitations de la vie. « O douceur, ô charité infinie de mon Dieu, s'écriait-il, que ne puis-je vous faire connaître et goûter!... Jésus-Christ a soif de l'amour des hommes ; il veut les enrichir de sa plénitude, et s'il Lui manque quelque chose, ce sont des cœurs généreux... Il nous presse de venir à Lui. Qui ne voudrait répondre à sa tendre invitation?... L'âme qui l'a reçu possède tous les biens ; elle porte un feu qui consume tous ses désirs terrestres. Non, s'écrie-t-elle avec transport, non, mon Dieu, qu'on ne s'efforce plus de me prouver qu'il est un ciel, car, ici-bas même, j'en aperçois les splendeurs ; je nage dans un océan de délices ! O mon Sauveur, lumière des esprits, si vos rayons ont tant de clarté, sous l'enveloppe du mystère, que sera-ce lorsque je pourrai vous contempler sans voile et sans nuage !... » *(Pensées extraites de deux sermons du P. Coindre.)*

L'Esprit-Saint l'a déclaré : « La vie de l'homme sur la terre est un combat. » L'homme a donc besoin de continuels efforts pour triompher de lui-même, pour vaincre ses désirs, ses passions et le monde « et le prince de ce monde » (*St-Jean*, XIV, 30). Or, c'est en Jésus-Christ, c'est dans son Cœur adorable qu'il trouve un lieu de refuge, des armes puissantes et le courage nécessaire pour remporter de glorieuses victoires. « C'est là, dit le P. Coindre, que l'âme du juste vient établir sa demeure, où elle est comme dans une citadelle inexpugnable, comme dans les hautes places où les traits ennemis ne peuvent l'atteindre. C'est alors qu'elle est plus forte que l'enfer, plus puissante que le monde, parce qu'elle s'appuie sur Celui qui régit et l'enfer et le monde... Du fond de son cœur, elle exhale ces consolantes paroles : Si Dieu est pour nous, qui osera être contre nous ? (*Saint Paul*). Je dirai à Dieu : Vous êtes mon protecteur et mon refuge. » (*Ps.* XLI, 12.)

Si le divin Cœur est la source de toutes les grâces, il est aussi l'école et le modèle de la plus haute sainteté. Le P. Coindre eut le bonheur d'y puiser, avec la sagesse, les vertus qui font le prêtre et l'apôtre. Que de grands désirs ne s'étaient pas allumés dans son âme, au contact des flammes du Cœur adorable de Jésus! Avec quelle puissance il se sentit poussé aux champs de l'apostolat et des sacrifices! Son amour pour notre Seigneur le porta encore à lui rendre le plus doux, le plus sincère hommage : l'imitation. Aussi, fut-il dévoré d'une soif insatiable pour le salut des âmes, et son cœur devint-il comme un sanctuaire orné des plus fortes vertus.

Comme tous les amis du Sacré-Cœur, il éprouvait vivement le besoin de réparer, autant que possible, les outrages faits à la divine Majesté. Volontiers il eût fait le sacrifice de sa vie pour expier les crimes du monde. Durant le cours de ses missions, il ne manquait jamais de prononcer, du haut de la chaire, des amendes honorables où éclataient sa foi vive et sa profonde humilité. Voici un extrait de celle qu'il fit, un vendredi-saint, dans l'église de la Guillotière, à Lyon, après avoir énuméré les crimes dont ses auditeurs avaient pu se rendre coupables :

« Seigneur, plein de bonté, daignez faire miséricorde à votre peuple, à tous ceux qui ont commis tant d'iniquités. Je me dévoue pour eux. Ne frappez que moi seul ; je me mets à leur place. Faites tomber tous vos coups sur votre indigne ministre, qui s'offre à vous comme victime, pour porter le poids de leurs péchés et subir le châtiment qu'ils méritent. Je mourrai content, s'ils sont épargnés et s'ils se convertissent. » Puis, empruntant les paroles d'un célèbre missionnaire (le P. Bridaine), il s'écriait avec l'accent de la plus vive douleur : « Mais, mes Frères, chargé de « vos péchés comme des miens, je ne suis « plus digne de porter ce saint habit qui, par « sa blancheur, est le symbole de la pureté « et de l'innocence. » Il ajoutait aussitôt : « Me dépouillant, ô mon Dieu, de ce vêtement sacré, la corde au cou, comme un criminel destiné au supplice, la torche en main, comme un moribond qui attend sa dernière heure, je me jette à vos pieds pour vous demander ma grâce et celle de mes frères. O mon Jésus, mon Sauveur, pardon et miséricorde à votre peuple ! »

Quant à la douceur du P. Coindre, elle était aussi admirable que son humilité ; elle paraissait en lui comme le gracieux reflet de celle du divin Maître. Les Religieuses de Jésus-Marie en ont gardé de bien précieux souvenirs, transmis par celles qui avaient eu le bonheur de le connaitre. « Dans ses rapports avec le prochain, nous disait naguère l'une d'elles, notre vénéré Fondateur était plein d'affabilité et de mansuétude, ce qui lui gagnait tous les cœurs. » C'est aussi l'appréciation du cardinal Donnet, qui dépeint « l'ardent missionnaire doux comme un agneau, quand il paraissait au milieu de ses confrères et de ses inférieurs... »

Et les œuvres qu'il fonda, ne furent-elles pas comme l'épanouissement de son amour envers Jésus-Christ ? N'est-ce pas sous le souffle et les bénédictions du divin Cœur qu'il les a vues se développer et produire partout des fruits dignes de la vie éternelle ? Afin de les rendre stables et fécondes, il eut l'heureuse inspiration de les placer sous la protection spéciale du Sacré-Cœur. « *Votre bannière*, disait-il à ses Religieux, *c'est le Cœur ado-*

rable de Jésus : vous ne devez jamais l'abandonner. L'amour et de puissants motifs de reconnaissance doivent, sans cesse, vous unir à Lui par des liens si forts que rien au monde ne soit capable de les briser. »

CHAPITRE XXVII

Sa dévotion à la Sainte-Vierge

Né à Lyon, non loin de la sainte Colline d'où Marie fait éclater, d'une manière si merveilleuse, sa protection sur les habitants de cette antique et religieuse cité, le P. Coindre eut, de bonne heure, une tendre dévotion à cette céleste Mère, qui ne cessa de le couvrir de son égide tutélaire, et de lui prodiguer ses faveurs. Enfant, il regardait comme un devoir de reconnaissance et d'amour, comme l'une de ses joies les plus douces, de lui offrir ses pieux hommages. Adolescent, au petit séminaire de l'Argentière, il avait été choisi par ses condisciples comme secrétaire de la Congrégation de la Sainte-Vierge, comme l'un des plus fervents serviteurs de la Reine des Apôtres. Et plus tard, lorsqu'il fut devenu apôtre lui-même, il se fit en tous lieux le héraut de la Reine du ciel, publiant à l'envi ses gloires, excitant les peuples à se rendre dignes d'éprouver les effets de sa puissante intercession, de recevoir les trésors de grâce dont elle est la dépositaire.

« O bienheureuse Marie, s'écriait-il, ô tendre Mère de Jésus, vous êtes aussi notre Mère ! Nous venons à vous avec la plus entière confiance ; soyez sensible à nos cris, à nos larmes ; aidez-nous à porter le pesant fardeau de la vie. Au poids de la corruption qui nous entraîne vers le mal, opposez votre puissance, et daignez soutenir notre âme, qui ne doit tendre qu'au ciel ! »

Comme il aimait à faire connaître les vertus si touchantes et les glorieuses prérogatives de la Reine du ciel et de la terre ! Quelles effusions de piété pour l'auguste Mère de Dieu ! quels transports d'admiration ! « Considérez attentivement, disait-il, tous les ordres des Bienheureux ; voyez s'il est possi-

ble de trouver quelque créature qui puisse
être, je ne dis pas égalée, mais même com-
parée à la Sainte-Vierge. Non, ni l'obéissance
des Patriarches, ni la fidélité des Prophètes,
ni le zèle infatigable des Apôtres, ni la constance invincible des Martyrs, ni la rigoureuse
pénitence des saints Anachorètes, ni la pureté
inviolable des Vierges, ni cette grande diversité de vertus que la grâce a répandues dans
tous les ordres des prédestinés, n'ont rien
qui puisse tant soit peu approcher de la Bienheureuse Marie. Qui pourrait dignement
exalter sa maternité miraculeuse, l'alliance
éternelle qu'elle a contractée avec Dieu, la
plénitude de la grâce versée dans son âme,
l'assemblage des vertus divines qu'elle a pra-
tiquées, son humilité profonde dans son
auguste et incomparable dignité! » (Sermon.)

Il ne se contentait pas de multiplier les
louanges de cette bonne Mère, de lui rendre
de profonds hommages ; il s'efforçait encore
de lui gagner tous les cœurs. Cette soif pour
le salut des âmes, qui ne cessa de le dévorer,
s'était déjà révélée en lui dès les premiers
temps de sa vie sacerdotale. Au nom de
Jésus-Christ et de son auguste Mère, il conju-

rait les pécheurs de se laisser toucher par la grâce. « Que ne puis-je, s'écriait-il un jour dans les transports de son zèle, que ne puis-je m'emparer de leurs âmes et les jeter dans les bras et dans les cœurs de Jésus et de Marie ! » Il ajoutait que, pour elles, il eût volontiers donné sa vie afin de les enchaîner à jamais au service de Dieu par « une ferme et immobile persévérance. »

Animé par les sentiments affectueux qui débordaient de son âme, et après avoir éprouvé les effets de la puissante protection de Marie, le pieux Fondateur s'efforça d'inspirer à ses Frères une tendre dévotion envers cette auguste Reine, Mère de la divine miséricorde. Afin qu'ils fussent toujours dignes de ses faveurs, il leur recommandait de l'honorer sans cesse, de la prier avec foi et confiance, d'imiter ses vertus, de publier ses grandeurs et ses bienfaits, de propager son culte. Après la retraite qu'il leur donna aux Chartreux, au moment de leur réunion, en 1821, pourquoi les conduisit-il à Notre-Dame de Fourvière ? Pour leur enseigner que l'un des moyens les plus efficaces de se maintenir dans la vertu, d'obtenir les bénédictions du ciel sur une bonne œuvre, c'est de recourir à Marie avec la plus entière confiance. Voulant leur rappeler qu'ils devaient l'honorer constamment, la considérer comme leur protectrice, il leur prescrivit la récitation du *Salve Regina*, chaque jour, après la messe de communauté.

Fidèles à ces pieux enseignements, les Religieux du P. Coindre ont toujours conservé une tendre piété envers la Très Sainte-Vierge. Avec le Cœur adorable de Jésus, elle est leur ferme appui, leur plus douce espérance au sein des orages et des tempêtes de la vie.

Heureux s'ils savent toujours marcher, sous les regards de Jésus et de Marie, vers le port de la bienheureuse éternité, dont leur Fondateur leur a si bien montré la route!

CHAPITRE XXVIII

Sages conseils du P. Coindre aux Frères du Sacré-Cœur

Nous l'avons dit plusieurs fois, le P. Coindre ne perdait jamais de vue les deux Instituts qu'il avait enfantés à l'Église et à la patrie. Leurs progrès étaient la plus douce récompense de sa paternelle sollicitude ; et, pour soutenir et activer le dévouement de leurs membres, il employait toutes les industries que son zèle pouvait lui suggérer.

Il recommandait au Frère Directeur général de « presser l'éducation de ceux qui étaient appelés à élever la jeunesse et de les former à une solide vertu. » *(Lettre du 10 janvier 1822.)* Lui-même, avec une énergique persévérance, les excitait à s'instruire et à devenir des saints. Ses discours, ses entretiens familiers, les lettres qu'il leur adressait avaient, en général, pour but de leur inspirer le goût de l'étude, l'amour de la vertu et de leur faire connaître la vie religieuse, avec ses devoirs, ses prérogatives, ses gloires. On peut résumer ainsi les instructions qu'il leur donnait de vive voix, ou par écrit :

« Votre vocation est belle, sublime : elle est un des plus grands bienfaits que le Seigneur ait pu vous accorder. Oh ! combien vous devez la chérir, l'estimer ! Conservez-la comme un riche trésor. N'est-elle pas pour vous une source inépuisable de grâces ? Que de moyens de salut ne vous offre-t-elle pas ! Elle vous associe aux travaux des Apôtres ; car vous êtes appelés à former des âmes pour le ciel.

« Il faut qu'on voie briller en vous l'éclat de toutes les vertus : la foi vive et pratique, une confiance imperturbable et sans bornes, l'obéissance avec ses sacrifices, l'humilité la plus profonde, une pureté d'ange... Que ces vertus soient toujours le plus bel ornement de votre vie, la plus belle parure de votre âme ; de votre âme, qui doit se conserver blanche comme un lis au milieu des souillures du siècle. Avec le don précieux de la grâce, elles doivent être votre plus riche héritage ici-bas, comme elles seront un jour vos titres à la gloire éternelle. Joignez à ces vertus un souverain mépris pour le monde, car, dit saint Jean « si quelqu'un aime le monde, il n'a point l'amour du Père. Le monde passe aussi bien que ses convoitises ; mais celui qui fait la volonté de Dieu demeure éternellement. » (*1re Ep.*, ii, v. 15, 17.)

« ..... Ayez un amour sincère pour le prochain, un dévouement sans mesure pour les jeunes cœurs qui vous sont confiés. Faites tout en esprit de foi, pour expier vos péchés. Pensez que vous êtes surtout appelés au service des pauvres, par conséquent pour servir Jésus-Christ en leur personne. Vous avez l'office de Marthe, remplissez-le avec un grand esprit de foi et de jubilation pour la gloire de Notre Seigneur. » (*Lettre du 10 janvier 1822.*)

« ..... Instruire et cultiver les enfants, c'est là un des grands biens de votre vocation :

pensée qui doit vous soutenir dans toutes vos peines. » *(Lettre du 24 avril 1824.)*

« ..... Soyez très unis entre vous ; soyez des saints... Ne mettez aucun amour-propre dans votre emploi. Le plus grand malheur, pour vous, serait la division. Un royaume divisé avec lui-même tombera en ruines, dit notre bon Sauveur. » *(Lettre, janvier 1822.)*

« ..... Sainteté, activité et travail : tout est trouvé, tout est là. » *(Ibid.)*

« ..... Elevez vos cœurs ; *sursum corda !* Mais, il ne faut pas l'oublier, Dieu a besoin de soldats qui soutiennent le poids de la fatigue et du jour. Il veut les voir l'épée en main, toujours prêts à combattre pour sa gloire, brûlant du désir de lui faire des conquêtes, d'établir son règne dans les âmes. Voilà ce qu'il aime par-dessus tout. Aussi, quelle magnifique récompense il prépare à ceux qui le font connaitre ! Ecoutez sa divine promesse, annoncée par un de ses Prophètes : « Ceux qui instruisent les autres brilleront comme des étoiles dans la perpétuelle éternité. » *(Lettre, mai 1823.)*

« ..... Que nos Frères chérissent la solitude ; qu'ils n'aiment pas à se répandre au dehors ;

qu'ils soient défiants d'eux-mêmes, car il n'y a rien de plus présomptueux que l'ignorance. » *(Lettre, décembre 1824.)*

« ..... Le Seigneur vous a aimés beaucoup, mes bien chers Frères. Après vous avoir fait connaître le monde et ses dangers innombrables, il a bien voulu vous en retirer... Il est vrai, dans la vie religieuse, vous avez vos misères, mais courage ! chacun a les siennes : profitons-en pour faire la sainte volonté de Dieu. »

« ..... J'aime mes Frères avec la plus vive tendresse, la plus grande sollicitude. J'ai une ferme confiance qu'avec de l'activité, de l'ardeur et la protection divine, ils réussiront... Qu'ils soient saints et laborieux : l'Œuvre ne saurait périr. Du reste, je vendrais tout ce que je possède plutôt que de les voir se disperser... Qu'ils se rendent donc dignes de la grande œuvre qu'ils ont entreprise, et ils me verront toujours à leur tête portant le plus lourd fardeau. Que la grâce de Dieu soit toujours avec vous ! Courage et confiance ! Voilà ma devise. » *(Lettre, janvier 1822.)*

« ..... Si l'on dit du mal de nous, n'en

disons jamais de personne ; si l'on nous méprise, respectons tout le monde, et souve-
nons-nous que Dieu nous aimerait beaucoup
s'il nous donnait l'occasion de mettre en
pratique cette belle maxime de l'*Imitation* :
Aimez à être méprisés et comptés pour rien.
Rappelons-nous que les Apôtres s'en allaient
pleins de joie, dit l'Ecriture, parce qu'ils
avaient été jugés dignes de confusion pour le
nom de Jésus-Christ. » *(Act.* v. 40-41.)

« ..... Les Novices demandent un grand
soin de votre part, écrivait-il au Frère Directeur général. Tenez-les dans une grande
ouverture de cœur. Informez-vous de ce
qu'ils ont été, de ce qu'ils veulent faire et
de leurs aptitudes. Inspirez-leur le détache-
ment, l'obéissance, l'humilité. Il faut les faire
appeler souvent auprès de vous pour les
remonter, pour les animer d'un saint courage... On a les hommes comme on les
forme. » *(Lettre, novembre 1821.)*

« ..... L'honneur, la fidélité et la reconnaissance doivent nous attacher nos Frères.
Par une vie sainte, qu'ils soient toujours
dignes du Sacré-Cœur de Jésus ; qu'ils com-

battent sous sa bannière et ne l'abandon-
nent jamais. *(Lettre, juin 1823.)*

« ..... Veillez avec le plus grand soin à
l'éducation de ceux qui doivent enseigner,
afin que leur savoir, leurs vertus et leurs
bonnes manières les mettent en état de bien
remplir leur emploi. Usez toujours envers
eux d'un mélange de douceur et de fermeté
qui fasse aimer la Règle et chérir votre autorité. Tempérez la sévérité par une grande
mansuétude, mais rien d'excessif. » *Lettre
mars 1826.)*

« ..... Continuez l'œuvre que Dieu vous a
fait commencer. Ce n'est ni l'orgueil, ni
l'intérêt, ni l'amour du plaisir qui vous ont
conduit, qui vous engagent à persévérer :
c'est le désir d'être utile au prochain, à la
religion et de faire pénitence de vos péchés.
Hélas! que vous faut-il de plus? N'eussiez-
vous, devant Dieu, que le désir habituel de lui
plaire, sans pouvoir lui offrir des succès, vous
seriez un grand saint. » *(Lettre, décembre
1823.)*

« ..... Parmi nos Frères, les mœurs sont
pures, la foi est vivante, le désintéressement
est absolu : voilà des choses plus rares que

vous ne pensez. Le reste, il faut l'encourager, le faire aimer autant par votre zèle à le pratiquer vous-même que par de saints et salutaires avis. »

« ..... Ecrivez aux Frères de ***, avec bonté, mais avec vigueur, au sujet de leur coupable négligence à observer la Règle et sur les fâcheuses conséquences qui en résultent pour eux, pour le bien, aux yeux de la ville et de la Congrégation qu'ils desservent. » (*Lettre, 3 mai 1826.*)

« ..... Il est à craindre que nos établissements ne puissent se maintenir faute d'argent ; mais il faut surtout empêcher qu'ils ne tombent faute de science et de vertu de la part de ceux qui les dirigent. » (*Ibid.*)

« ..... Le Frère N... a bien besoin de lire et relire les Règles de conduite que j'ai envoyées aux Dames de Fourvière, et qui sont aussi pour les Directeurs. Vous-même, méditez-les et tâchez de les mettre en pratique ; plus vous aurez d'expérience, plus vous en comprendrez la sagesse. » (*Ibid.*)

Le P. Coindre donnait encore d'excellents conseils qui avaient surtout rapport à la ligne de conduite que les Frères Directeurs

doivent suivre dans l'exercice de leurs fonctions. Il s'exprimait ainsi :

« ..... Exigez des Frères l'exactitude dans
l'accomplissement des Règles que je leur ai
données. Qu'ils les lisent et les méditent avec
le plus grand soin. Que tous, selon leur pouvoir, prennent l'intérêt le plus vif à l'œuvre ;
qu'ils vous fassent connaître ce qui périclite,
ce qui manque à l'accomplissement du devoir.
Dans votre sagesse, remédiez à tout, adou-
cissez tout, autant que possible, par un grand
esprit de condescendance, de douceur et de
charité. » (*Lettre, 10 janvier 1822.*)

« ..... Courage au milieu de vos ennuis ! Je
compte sur vous comme sur moi. Votre zèle
m'est cher. J'espère que, quoi qu'il arrive,
vous répondrez toujours à mes espérances.
Servons Dieu là où il nous a placés. Servons-
le fidèlement jusqu'à notre dernier soupir.
Que ce qui peut ébranler les autres ne soit
jamais capable d'affaiblir notre courage.
Soutenez tout : c'est une de vos premières
charges. Soyez dans votre œuvre un autre
moi-même. » (*Ibid.*)

« ..... Selon les circonstances, faites ce que
saint Paul conseillait à Timothée : *Reprenez,*

suppliez, menacez en toute patience et doctrine. (Timothée, IV, 2.) L'homme est comme une pauvre horloge, qu'il faut remonter, tous les jours, avec une certaine dextérité. » *(Lettre, décembre 1823.)*

« .....Quant aux jeunes Frères, inspirez-leur le zèle des âmes et l'amour des vertus religieuses... Il est dangereux que les Frères, étant libres dans leurs actions particulières, ne se mettent ensuite dans une entière indépendance, ce qui ferait le plus grand mal, non seulement à la Congrégation, mais encore à leur sanctification personnelle et à la paroisse où ils travaillent. Du reste, l'expérience a prouvé que les Frères qui déclinent de l'esprit de leur vocation ne tardent pas à quitter la vie religieuse, et, lorsqu'ils sont dans le monde, souvent ils perdent bientôt même les pensées et les sentiments d'un bon chrétien. Là-dessus, que d'exemples je pourrais citer ! » *(Lettre, 26 mars 1826.)*

« ..... Ne vous tourmentez pas : Supérieurs, nous ne pouvons pas ne pas avoir beaucoup de tracasseries. Oui, notre charge est très lourde, mais il nous faut bien la porter. La croix du Sauveur était bien plus pesante ;

il faut souffrir avec lui pour entrer dans la gloire. » *(Ibid.)*

« ..... Recommandez aux Maîtres et aux Surveillants d'observer, avec une scrupuleuse exactitude, les Règles qui concernent leur emploi. Exigez qu'ils aient toujours l'œil sur leurs élèves, et le jour et la nuit. Mais qu'ils se maintiennent et avancent dans l'esprit de paix intérieure, d'humilité et de calme dans la direction des enfants. » *(Lettre, septembre 1823.)*

« ..... Que la propreté reluise sur les Frères, sur leurs élèves, dans toutes les salles de la maison, etc. Le monde, qui ne juge que d'après l'extérieur, ne compterait l'intérieur pour rien, si tout cela n'était bien observé. » *(Lettre, juin 1823.)*

« ..... Inspirez à vos Frères un grand amour pour leur sainte vocation ; relevez le moindre bien qu'ils peuvent faire, afin qu'ils l'apprécient et l'aiment davantage. »

« ..... Commandez avec force, mais sans aigreur ; avec bonté, mais sans faiblesse. La confiance et un peu de crainte, voilà les deux rênes pour conduire votre char. Ne demandez jamais aux hommes plus qu'ils ne peuvent, et utilisez ce qu'ils ont de bien autant que possible. » *(Lettre, 3 mai 1823.)*

« ..... Que vos Frères soient dans une dépendance absolue de Dieu, de sa sainte volonté, dans leurs divers emplois et dans toutes les épreuves de ce monde. » *(Lettre, janvier 1823.)*

« ..... Soyez comme un astre bienfaisant, qui vivifie tout par sa chaleur et par sa lumière. Ces enfants, ces peuples qui vous environnent doivent fleurir sous l'éclat de vos bons exemples. » *(Instruction.)*

« ..... Que rien ne soit capable d'abattre votre courage. Lorsque vous êtes en butte aux traits de la calomnie, pensez que Jésus-Christ n'est entré dans la gloire qu'après avoir embrassé les humiliations et souffert pour vous la mort la plus cruelle. »

« ..... Ne cédez point à la violence des tentations, mais souvenez-vous des promesses que vous avez faites au Seigneur, et servez-le fidèlement jusqu'à votre dernier soupir. »

« Il en sera ainsi, mes Frères bien-aimés, si vous employez les moyens suivants : la méditation, la prière, la confession, l'amour de la divine Eucharistie, la dévotion envers

la Très Sainte-Vierge, l'imitation du Cœur
adorable de Jésus. » *(Instruction.)*

C'est ainsi que le pieux Fondateur s'efforçait d'initier ses Frères aux secrets de la vie
religieuse, et qu'il leur traçait la voie qu'ils
avaient à suivre pour atteindre le double but
de leur vocation. S'il aimait à se dire leur ami
et leur père, il aimait aussi à leur prodiguer
les trésors d'affection, de sagesse et de
dévouement que son cœur tenait en réserve
pour le bien de leurs âmes. S'il était heureux
de les ramener des pensées du temps à la
pensée des choses éternelles, il ne l'était pas
moins de soutenir et d'animer leur courage
dans les combats de la vertu.

LETTRE DU P. COINDRE

A UN FRÈRE TENTÉ D'ABANDONNER SA VOCATION

« A NOTRE PAUVRE FRÈRE N...

Que vous me chagrinez, mon pauvre ami, par l'irrégularité de votre conduite! Que vous avez bien vite oublié les avis paternels que je vous avais donnés et les résolutions que vous aviez prises! J'ai eu toujours pitié de vous, à cause de vos illusions et de vos fautes; j'en ai encore pitié aujourd'hui, et c'est pour cela que je prends, sur un temps qui m'est si précieux, la peine de vous écrire. Ma voix se fera-t-elle entendre dans le désert, et votre jeune cœur ne serait-il plus touché des cris d'alarme d'un tendre père? Pauvre enfant, que vous êtes à plaindre! Vous donnez, hélas! dans tous les pièges que vous tendent les ennemis de votre âme.

« Je lisais dernièrement, dans l'*Ecclésiaste*, chap. IX, v. 12, ces paroles : « *Comme les* « *poissons sont pris à l'hameçon et les* « *oiseaux aux filets, ainsi les enfants des* « *hommes se trouvent surpris par l'adver-* « *sité, lorsque tout à coup elle vient fondre* « *sur eux.* » Et voilà que notre pauvre Frère N..., bien averti de sa faiblesse et des dangers du monde, s'est laissé prendre comme un poisson, comme un oiseau, par les amorces du monde, par les filets du démon, par l'appât de toutes les convoitises!

« Si, estimant plus les choses spirituelles que vous n'avez fait, vous aviez cherché à combattre vos ennemis par la méditation des Saintes Écritures, vous auriez appris à connaître quelle est votre faiblesse, quels sont les dangers du monde et les moyens de ne pas vous laisser surprendre. Vous auriez lu, dans votre Manuel du Chrétien, *1*^re^ *Épitre de saint Jean*, chapitre II, v. 14 : « *Je vous écris,* « *à vous, jeunes gens, parce que vous avez* « *de la force, et que vous conservez en vous* « *la parole de Dieu, et que vous avez vaincu*

« *le malin esprit.* » Ces paroles sont adressées aux jeunes gens de la primitive Église
et aux Religieux qui ne se sont pas laissé
séduire. Saint Jean ajoute : « *N'aimez*
« *point le monde, ni ce qui est dans le*
« *monde. Si quelqu'un aime le monde,*
« *l'amour du Père n'est point en lui. Car*
« *tout ce qui est dans le monde est, ou*
« *concupiscence de la chair, ou concupis-*
« *cence des yeux, ou orgueil de la vie ; ce*
« *qui ne vient point du Père, mais du*
« *monde. Or, le monde passe aussi bien*
« *que ses convoitises ; mais celui qui fait*
« *la volonté de Dieu demeure dans l'éter-*
« *nité.* »

« Si vous aviez bien médité ces paroles,
vous vous seriez tenu caché sous les yeux de
Dieu, dans la solitude de votre cœur, envi-
ronné du rempart de vos Règles, enchaîné
par l'obéissance, et les lacets du monde n'auraient pu vous atteindre. Vous n'auriez pas
trouvé de charmes dans le monde, ni dans
ce qu'il renferme ; vous auriez compté pour
quelque chose l'expérience des anciens, les
avis de saint Jean, les lumières du Saint-
Esprit, qui vous disent : « *N'aimez pas le*

« *monde, ni ce qui est dans le monde;* »
car, depuis la chute du premier homme, tout
s'est ligué contre lui pour l'attacher à la terre.
Il n'a plus mérité de voir son Dieu, ni de
l'entendre, et la créature s'est présentée pour
enchainer son cœur, pour s'en faire aimer :
« *mais, pour celui qui aime le monde, la*
« *charité du Père n'est pas en lui.* » Pourquoi ? « *Parce que tout ce qui est dans le*
« *monde est concupiscence de la chair.* »
De quoi y parle la jeunesse? quels sont les
discours des vieillards ? Tout y roule sur les
plaisirs des sens. « L'homme, dit saint Augus-
« tin, qui avait été créé dans l'esprit, qui
« devait être spirituel dans la chair, est de-
« venu charnel même dans l'esprit, parce que
« le péché a tout bouleversé dans l'homme,
« et celui qui devait vivre dans l'honneur
« s'est rendu semblable aux animaux dé-
« pourvus d'intelligence. »

« N'aimez donc pas le monde, parce qu'il
est concupiscence des yeux; n'attachez pas
vos yeux sur un objet qui vous plaît. Songez
que David périt par un coup d'œil, et que
Notre Seigneur nous enseigne que celui qui,

volontairement, s'arrête à un mauvais désir, a déjà commis le crime dans son cœur.

« Ne vous plaisez point à la bonne chère, qui appesantit l'âme, ni au vin, qui porte dans le sein le feu de la concupiscence : « *Bu avec* « *excès, dit le Sage, le vin produit la colère* « *et l'emportement, et attire de grandes* « *ruines... Il est l'amertume de l'âme.* » Tandis que : « *la tempérance dans le boire* « *est la santé de l'âme et du corps.* » (*Eccl.,* XXXI, 37, 38, 39.)

« Ne cherchez point sur la terre des trésors que les voleurs ravissent. Elevez votre cœur : *Sursum corda!* Ne soyez point curieux des choses vaines; ne cherchez point à savoir beaucoup, mais apprenez la science du salut : toute autre science qui n'est point selon votre état est vaine et dangereuse, car l'Ecriture nous apprend que la sagesse, les sciences humaines ne sont elles-mêmes que vanité. (*Eccl.,* I, 17, 18.)

« Encore une fois, n'aimez pas le monde, parce que tout ce qu'il y a dans le monde *est orgueil de la vie*. Ne présumez pas de vous-même : la présomption, c'est le commencement du péché; c'est par là que notre mère a été séduite et que notre premier père nous a perdus.

« Ne désirez pas la gloire des hommes, car vous auriez reçu votre récompense, et vous n'auriez à attendre que d'inévitables supplices. Ne vous glorifiez pas vous-même, car tout ce que vous vous attribuez, dans vos bonnes œuvres, vous le ravissez à Dieu, qui en est l'auteur, et vous vous mettez en sa place.

« Ne secouez point le joug de la discipline, ne résistez point aux sages conseils, et ne vous emportez point quand on vous reprend ; car c'est le comble de l'orgueil que de se soulever contre la vérité, même lorsqu'elle nous avertit, et de regimber contre l'éperon.

« Ne vous glorifiez point dans votre force : par vos saillies et vos fougues impétueuses, vous voulez tout emporter ; mais vous devez mettre votre gloire à vaincre le malin esprit qui inspire à votre jeune cœur des désirs d'autant plus dangereux qu'ils paraissent doux et flatteurs. Toutes ces concupiscences ne sont pas du Père, et ce serait faire injure à Dieu, source de toute sagesse, que de le regarder comme l'auteur de ce qui porte le désordre dans les sens, dans l'âme et dans la société entière ; mais *elles sont du monde,* dit saint Jean ; elles nous viennent de la corruption de notre premier père. Nous sommes sur la terre pour les combattre, et la récompense du ciel n'est promise qu'à ceux qui auront remporté la victoire.

« Voilà pourquoi votre Règle est sévère, pourquoi elle commande la mortification des sens et des passions, la modestie dans l'extérieur, l'humilité et la réserve partout. Voilà pourquoi votre habit vous sépare du monde. Donc, loin de vous impatienter contre votre Règle, de mépriser votre habit, si vous aviez l'esprit de Dieu, vous baiseriez cet habit avec respect et reconnaissance ; vous pleureriez de joie sur une Règle qui ne se ressent en rien de l'esprit du monde et qui vient de la charité du Père céleste. Vous estimeriez votre vocation, et, loin de vous croire au-dessus d'elle, vous vous en regarderiez indigne; vous vous étonneriez qu'un Dieu si haut, si saint ait pu choisir un pécheur, un misérable comme vous, pour travailler à son œuvre, pour cultiver des âmes rachetées par le sang de Jésus-Christ. Vous vous estimeriez heureux de ne point travailler pour un monde qui passe. Ses jours, en effet, ne sont jamais les mêmes : les années se succèdent, les pleurs suivent les joies, et le malheur, la félicité. Le monde est comme une figure volage, une fumée légère, que le vent emporte ; c'est une ombre qui passe et se dissipe. La concupiscence passe aussi ; elle varie comme le monde. Les goûts n'y sont pas toujours les mêmes : une passion, un désir en chassent d'autres ; de tous côtés, c'est changement et inconstance pour les mondains. Ils ne veulent pas, dans l'âge mûr, ce qu'ils ont aimé dans la jeunesse ; ni, dans la vieillesse, ce qu'ils ont aimé dans la force de l'âge : rien, à aucune époque de la vie ni dans aucun état, ne peut les satisfaire. Ils ne veulent plus aujourd'hui ce qu'ils voulaient hier. Ils ne trouvent rien qui remplisse leur cœur, parce qu'ils n'aiment que le mensonge. Mais, dit saint Jean : « *Celui qui fait la volonté de Dieu subsiste pour toute l'éternité.* » Il la fait dans la jeunesse ; il la fera dans l'âge mûr, à la vieillesse, s'il y arrive. Il ne sera point inconstant : sa nourriture est de faire la

volonté de son Père céleste, qui ne change
pas. Il n'a point de repentir à ses derniers
instants : il a, en effet, toujours rempli son
devoir ; il a aimé Dieu, servi le prochain ;
il a mortifié ses passions. Il sort de ce monde
comme un vainqueur allant recevoir les palmes
qu'il a méritées, et sa couronne est immortelle.

« Sera-ce le sort du Frère N...? Qu'il y
pense... Qu'il relise sans cesse, qu'il médite
ces courtes réflexions; elles peuvent faire son
bonheur et le salut de son âme.

« C'est le plus tendre des pères qui les
lui adresse.

« COINDRE.

« Blois, ce 25 février 1826. »

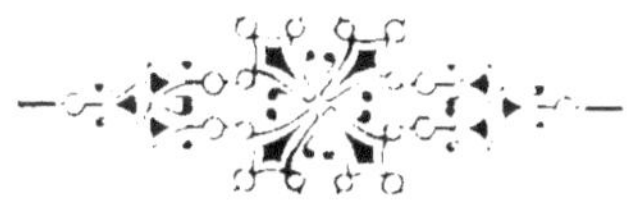

LETTRE DU P. COINDRE

AUX DAMES DE JÉSUS-MARIE

———

« Mes Très Chères Filles,

Je veux dérober quelques instants à mes nombreuses occupations, pour vous donner, avec la bonté paternelle dont je suis capable, des avis qui puissent vous aider à vous fortifier dans l'esprit de votre sainte vocation.

« Défiez-vous de vous-mêmes, mes chères Filles, et redoutez que vos Supérieures, par trop de condescendance pour votre faiblesse, ne vous ménagent trop. Je voudrais, si elles ont assez de confiance en vous pour vous donner un emploi, que vous eussiez, de votre côté, assez de générosité d'âme et assez d'amour de votre perfection pour les prier de ne point vous épargner, de briser votre volonté, de fouler aux pieds votre orgueil, de compter pour rien votre susceptibilité, et, tout en ayant égard à votre faiblesse, de vous faire arriver par degrés à cet état de souplesse de cœur, d'humilité d'esprit, d'impassibilité d'âme qui est la gloire et le bonheur de la vie religieuse ; car la vie religieuse est tout entière là. On ne saurait, du reste, s'y plaire tant que le cœur n'est pas aussi souple qu'un gant que l'on plie comme on veut.

« Il faut, dans une communauté, l'obéissance aveugle des militaires, qui font tout sans raisonner, qui n'ont qu'une idée, qu'un sentiment : la volonté qui leur commande. C'est pour cela qu'ils ne demandent jamais pourquoi on leur fait faire tel ou tel exercice, telle ou telle marche. Ils savent que le salut de l'armée est dans la confiance en leur général, dans son expérience, dans la discipline militaire, et ils font ainsi tout ce qu'il y a de plus difficile.

« Voilà l'image, mes Filles, des Religieuses dans un couvent. Elles doivent abjurer leurs vieilles idées du monde et être, ainsi que le

dit la Règle, comme le bâton d'un vieillard,
ou comme un cadavre qui se laisse porter
partout où l'on veut.

« La perfection d'une Religieuse est la charité. Tous ses soins doivent être d'entretenir,
par la douceur et l'humilité, l'union qu'elle
doit avoir avec ses Sœurs. Ni ambitieuse, ni
jalouse, elle doit toujours prêter les meil-
leures intentions à ses Sœurs, ne jamais
leur en supposer de mauvaises, et faire
tout au monde pour n'avoir, ainsi que les
premiers chrétiens, qu'un cœur et qu'une
âme. Vous saurez, mes Filles, que cela ne
se fait qu'en se tenant à quatre ; qu'en s'étu-
diant d'abord à réprimer tous les mouvements
extérieurs, en attendant qu'on ait pu réprimer les impressions et les mouvements inté-
rieurs ; qu'en écoutant même une injure comme
un éloge, pouvu que l'on ne porte pas cette
indifférence dans la pratique de ses devoirs
et le service de Dieu. Voilà ce qui fait le
bonheur des communautés. Mais rien n'y
serait plus qu'une source de maux et de peines,
si chaque Religieuse voulait être ménagée,
flattée, si l'on ne pouvait dire la vérité à
chacune. Cette réserve ferait toujours craindre

de blesser, et alors on serait en garde les unes contre les autres, on pèserait ses paroles qui, malgré cela, seraient souvent encore mal interprêtées. Souvent aussi on s'exciterait à user de représailles, et celle dont la langue serait la mieux affilée serait la plus redoutable : de là les partis, les divisions, les querelles, toutes les œuvres de la chair dont parle saint Paul, et qui ferment l'entrée du royaume céleste. Vous sentez, mes chères Filles, que le plus court c'est de mettre vite tout le monde à sa place, et de dire aux orgueilleuses : prenez garde à vous, soyez impassibles, car ici on fera la guerre à votre vanité : « *Vous êtes mortes et votre vie est cachée en Dieu avec Jésus-Christ* » dit l'Apôtre.

« Ah! mes Filles, méditez bien ces paroles toute votre vie. Qu'elles sont belles pour une Religieuse qui n'est venue dans la retraite que pour mourir à toutes ses mauvaises inclinations, à toute flatterie des sens et de l'orgueil! La convoitise du mal qu'elle a sentie dans le monde l'a portée à venir dans la solitude, et à s'y renfermer comme dans un tombeau. C'est pour cela qu'elle se dépouille des marques du siècle, des insignes de la

vanité, qu'elle prend le voile et l'habit noir,
vrai drap mortuaire qui l'enveloppe et qui
l'avertit, chaque jour, qu'elle est dans le lieu
où l'on vient chercher non les louanges des
hommes mais l'approbation seule de Dieu,
en qui on a caché sa vie. Vous êtes mortes,
mes Filles, votre vie est cachée en Dieu.
Que vous êtes heureuses alors! Affranchies
en effet des jugements des hommes et ne comptant plus pour véritable que ce que Dieu voit
en vous, ce qu'il en fait, ce qu'il en juge,
vous n'êtes plus éblouies des apparences.
Vous avez secoué le joug des opinions, vous
êtes unies à Dieu qui, outre le visage, voit
encore le cœur; vous ne dépendez que de
Lui, et vous savez qu'Il n'est pas inconstant
dans ses jugements comme les hommes.

« Votre vie est cachée en Dieu. Une Religieuse se dit à elle-même : « On me loue, on
« me blâme, on me méprise, on m'oublie....,
« mais, tout cela me touche peu ; je n'en
« suis pas moins ce que je suis. L'homme
« veut se mêler d'être créateur ; il veut
« me donner une sorte d'être dans son
« opinion ou dans celle des autres...., mais
« cet être qu'il veut me donner est un néant;

« en effet, qu'est-ce que cet être qu'on veut
« me donner sinon une illusion, une ombre,
« une apparence ? »

« Qu'est-ce que mon ombre, qui me suit
« partout, tantôt devant, tantôt derrière,
« tantôt à côté ? Est-ce mon être, ou quelque
« chose de mon être ? Rien de tout cela !...
« Mais cette ombre semble marcher et se
« remuer avec moi..... Ce n'en est pas plus
« mon être pour cela. Ainsi en est-il du
« jugement des hommes, qui veut me suivre
« partout, me peindre, me figurer, me faire
« mouvoir à sa volonté, à sa fantaisie,
« croyant, par là, me donner une sorte d'être.
« Au fond, je le sens bien, ce n'est qu'une
« ombre changeante, qui me prend tantôt
« d'un côté, tantôt de l'autre ; qui s'allonge,
« se rapetisse, augmente, diminue ; une
« ombre qui me suit, paraît, disparaît,
« sans que je perde rien de mon être. »
(Bossuet.) Ainsi en est-il du jugement des
hommes ; et cependant je m'y amuse comme
à un jeu, je m'y arrête comme à une chose
réelle et véritable : quelle folie !... Désabusée
donc d'une telle erreur, je me dirai :

« *Je suis morte, et ma vie est cachée en Dieu.* »

« Je consens donc que le monde, que mes Supérieures, que mes Sœurs me laissent pour ce que je suis; je ne veux les louanges de personne. « Que voudrait-on faire de moi ? Me « cacher mes défauts, m'empêcher de me « corriger, me faire folle de moi-même, « m'enfler de mon prétendu mérite, et par-là « me perdre et m'attirer de la part de mon « Sauveur cette terrible sentence : « *En* « *vérité, en vérité, je vous le dis, vous avez* « *reçu votre récompense.* » (*Bossuet.*)

« Qu'on me montre plutôt ma faiblesse, en poursuivant mes défauts. Je ne suis, hélas ! que trop disposée à les caresser, ces défauts, à ne pas vouloir qu'on y touche. J'ai peu besoin d'être avertie des quelques qualités que je puis avoir, car je ne m'en parle que trop à moi-même; je ne sais m'entretenir d'autre chose. Toutefois, je veux changer, je veux tout cacher en Dieu. La vertu solide aime à être ignorée et comptée pour rien. « *Prenez garde,* disait le Sauveur, *de faire vos bonnes œuvres devant les hommes, afin d'être vus d'eux; autrement vous*

n'auriez point de récompense dans le ciel. »
(*Matth.* VI, 1.)

« Les vertus, les talents qu'on veut montrer
sont vains et faux. Aimons notre devoir et
non l'approbation d'autrui, la vérité et non
l'apparence, la satisfaction de la conscience
et non les applaudissements des hommes.
Celui qui ne trouve pas son bonheur et sa
perfection dans Dieu seul, ne sait pas ce que
c'est que la perfection et la félicité.

« Faut-il donc perdre Dieu pour nourrir
l'estime de ses créatures, qui ne peuvent rien
me donner ? Je me trompe, je me séduis moi-
même, si je crois avoir quelques talents, et
la vaine estime que j'en ai n'est que le fruit
de ma vanité, l'enfant de mon orgueil, et,
peut-être, la matière des feux éternels de
l'enfer. Après tout, quand je me croirais au-
dessus de tout le monde et que l'on me louerait et m'encenserait comme une idole, je n'en
serais ni meilleure, ni mieux partagée ; et un
jour le Seigneur réduira au néant toute grandeur humaine, toute idole de vanité.

« Qui êtes-vous, terre et cendre, et pourquoi vous enorgueillissez-vous ? Que je sois
donc terre et cendre à mes yeux, terre et

cendre dans mon corps, quelle qu'en soit la structure ! Et qu'est-ce que mon âme, qu'un fonds d'ignorance, d'imprudence, de légèreté, de témérité, de faiblesse, d'orgueil, de jalousie, de susceptibilité, de lâcheté, de mensonge, d'infidélité, en un mot, de toutes sortes de misères. Et si je n'ai pas toutes ces misères, j'en ai les principes, j'en ressens, dans l'occasion, les funestes effets. Je dois donc être méprisée : c'est justice.

« Ma vie est cachée en Dieu, cachée dans le sein de sa lumière. Qu'elle soit donc cachée au monde, à mes Sœurs et à moi-même ! Qu'elle ne me laisse voir que mon Dieu, et qu'elle m'enfonce si intimement dans son sein, que les yeux des mortels ne m'y puissent suivre ; et que les miens soient tellement fixés sur l'objet de mes affections, que la vanité ne les en détourne jamais !

« Je vous vois, Seigneur ; vous me voyez : cela me suffit.

« Ma vie est cachée en Dieu avec Jésus-Christ, qui s'est caché ici-bas aux orgueilleux, pour se révéler aux humbles et aux simples ; qui s'est caché, trente ans, dans la boutique d'un artisan, s'occupant aux fonctions les plus humbles ; qui se cache pour mon amour dans la divine Eucharistie ; qui veut me cacher dans son Cœur, m'ayant choisie pour épouse. Eh bien ! je ne veux paraître que quand mon Epoux paraîtra ; je ne veux de gloire qu'avec lui. Tant qu'il sera caché, je veux être cachée avec lui ; tant qu'on l'humiliera je veux être humiliée avec lui. Je trouverai toujours Jésus-Christ souffrant pour me consoler dans mes épreuves. Si je me trouve seule, mon Dieu sera ma compagnie ; si je suis faible, il sera ma force ; si je suis affligée, il sera ma consolation ; si je suis défaillante, il sera mon soutien. Qu'on m'éprouve, qu'on ne me ménage point : on me rendra service. Je suis morte et ma vie est cachée avec Jésus-Christ en Dieu.

« Voilà, mes chères Filles, les sentiments que je vous souhaite, et que je vous engage à exciter en vous, en méditant tout cela. »

APPENDICE

M. Vincent COINDRE

Deuxième Supérieur général des Frères du Sacré-Cœur

(1826-1841)

Bien que le P. Fondateur eût désigné son frère, M. l'abbé Vincent Coindre, comme son successeur, néanmoins les principaux membres de l'Institut, au nombre de neuf, se réunirent à Lyon, le 14 juin 1826, afin de procéder à son élection régulière, au scrutin secret. Toutes les voix, moins une, furent en faveur de M. Vincent Coindre ; et, le même jour, il fut proclamé Supérieur général de la Congrégation.

Il était né le 28 avril 1799. Après avoir terminé ses études à l'Argentière, il résolut de se consacrer à Dieu et embrassa l'état ecclésiastique. Il fut ordonné prêtre le 17 juin 1821. A partir de cette époque, il remplit les fonctions d'aumônier au Pieux-Secours.

Ainsi que nous l'avons vu, le P. Fondateur avait voué à ses Frères son amour, tous les efforts de son zèle, ses joies, ses espérances. Le nouveau Supérieur tenait à marcher sur ses traces : comme lui, il eut à cœur le succès de l'œuvre naissante.

Par testament, il héritait de tous les droits de son frère sur la maison et l'enclos des Chartreux. Après la mort de Mme Coindre, arrivée en 1827, il devint seul propriétaire de ces immeubles, par suite d'un arrangement qu'il prit avec sa sœur. Dès lors, il déchargea les Frères du loyer de la maison, afin de les dédommager des fonds qu'ils avaient fournis pour l'œuvre du Pieux-Secours ; et, selon le vœu de son frère, il se proposa de leur laisser tous ses biens après sa mort.

Il leur déclara, en même temps, qu'à l'avenir il mettrait en commun son avoir avec celui de la Congrégation, afin que de leurs ressources et de leurs efforts réunis il résultât un plus grand moyen d'action pour mener tout à bonne fin. Comme les Frères étaient encore sous l'impression de la grande confiance que le P. Fondateur avait su leur inspirer, ils entrèrent volontiers dans les vues de son successeur.

L'Etablissement du Pieux-Secours continuait à faire le bien d'une manière efficace, mais on était à l'étroit et diverses constructions furent jugées nécessaires. Ainsi, en 1827, on bâtit la chapelle et l'on fit quelques travaux d'agrandissement, qui permirent de recevoir un plus grand nombre d'élèves. Le tout coûta environ 40,000 francs.

Vers la même époque, le Noviciat établi à Monistrol-l'Evêque fut transféré à Lyon. L'année suivante, les postulants furent confiés à un maître pieux et capable, au digne frère Polycarpe qui, nous le verrons plus tard, fut appelé à gouverner l'Institut, après M. Vincent Coindre.

Quant à l'école que les Frères dirigeaient à Monistrol, elle était toujours en voie de prospérité, ainsi que leur internat. Leur dévouement et leurs efforts étaient appréciés par les autorités locales; c'est ce qu'atteste une délibération du conseil municipal de cette ville, en date du 7 mai 1826. Entre autres choses il y est dit que « l'Etablissement des Frères du Sacré-Cœur méritait, à tous égards, d'être encouragé et soutenu, parce qu'il rendait de grands services à la ville et aux communes environnantes. » — Ajoutons que les Frères, dans les localités où ils exerçaient les modestes fonctions d'instituteurs de la jeunesse, recevaient de pareils témoignages de bienveillance et de sympathie de la part des populations.

En 1828, ils furent appelés à Largentière (Ardèche), pour y diriger une école. Là, depuis quelques années, se trouvaient des religieux enseignants, connus sous le nom de *Frères de Viviers*, qui avaient eu pour fondateur M. l'abbé Vernet, supérieur du Grand-Séminaire. Or, le concours de plusieurs circonstances, qu'il est inutile de rappeler ici, donna lieu à un projet de fusion. Toutes choses même avaient été conclues, entre Mgr Bonnel, évêque de Viviers, et M. Coindre, pour opérer la réunion de ces Frères à ceux du Sacré-Cœur, lorsque, on ne sait comment, surgirent certaines difficultés qui firent échouer l'affaire. Néanmoins, plusieurs sujets persistèrent dans leur détermination et vinrent s'unir aux Frères du Sacré-Cœur.

Pour qu'une plante se développe et fructifie, il faut qu'elle ait résisté au souffle des autans; de même, pour qu'une œuvre présente des garanties de durée, il est nécessaire qu'elle ait passé par les épreuves. Le vent de l'adversité ne tarda pas à souffler sur l'édifice élevé par le P. André Coindre.

Les évènements de 1830 furent le prélude d'un malaise général et d'une situation fort critique pour la Congrégation naissante : elle se vit, pour ainsi dire, menacée d'une ruine certaine. C'est ce que nous allons exposer brièvement dans les pages suivantes.

La Révolution de juillet fit éclater, à Lyon, une émeute sanglante. Toute la cité était en proie à de vives alarmes. L'horizon était sombre et l'avenir, pour les communautés religieuses, grandement incertain. Celle des Frères du Sacré-Cœur, surtout, devait se ressentir de ces agitations politiques. Au bruit du canon et de la fusillade, certains de ses membres se crurent d'autant moins en sûreté que les balles des insurgés arrivaient jusque dans la maison du Pieux-Secours. Effrayés du péril, et trop peu confiants dans la pro-

tection du Ciel, ils perdirent courage et déser-
tèrent leur poste.

A la même époque, sous l'influence d'une
crainte et d'une prudence exagérées, l'on
commit la faute de renvoyer les novices dans
leurs familles : ils étaient trente environ. Il
en résulta une grande pénurie de sujets pour
les années qui suivirent. Au surplus, les
rares postulants qui furent admis depuis 1830
jusqu'à 1837, au lieu d'être instruits et formés
pour l'enseignement, furent employés à des
travaux manuels; de là, un manque de Maîtres
capables pour le besoin des maisons d'école.
C'est pourquoi l'état relativement prospère
des années précédentes disparut peu à peu;
chaque jour, la confiance et le courage faiblissaient dans les cœurs.

Toutefois, malgré les épreuves et les obstacles de tous genres, plusieurs Frères furent
admirables de zèle et de dévouement. Les
pensées de la foi et l'amour de leur vocation
les rendirent capables des plus grands sacrifices. Grâce à leurs généreux efforts et à leur
solide piété, ils attirèrent les regards du Ciel et
de nouvelles bénédictions sur leur Institut :
ils contribuèrent de tout leur pouvoir à y main-

tenir l'esprit religieux et l'amour de la vertu.

Au Pieux-Secours, ceux qui en avaient la direction voyaient leurs travaux toujours couronnés de succès, et cela à la grande satisfaction de tout le monde. Mais, il faut bien le dire, puisque nous écrivons ici une histoire et non un panégyrique, on eût aimé voir en M. Vincent Coindre, plus d'esprit de suite, de sage direction dans les affaires, et cet heureux discernement qui caractérisaient si bien son prédécesseur. Malheureusement il ne possédait pas les qualités administratives essentielles à un supérieur de Congrégation, ce qui, hélas! paralysa toujours son bon vouloir, son zèle et sa sollicitude pour le bien de l'œuvre.

S'il se fût borné aux constructions dont nous avons déjà parlé, c'eût été, de sa part, sagesse et bon calcul; mais il crut devoir agir autrement. Ainsi, en 1835, il fit élever un corps de bâtiment pour y établir des ateliers destinés à diverses entreprises industrielles vers lesquelles il se laissa entraîner, telles que la sculpture, la peinture sur verre, etc. L'année suivante, et dans le même but, il fit bâtir encore. Tous ces travaux d'agrandissement coûtèrent fort cher, et les nouvelles industries furent loin de répondre aux espérances sur lesquelles on avait trop compté. De là, de bien lourdes charges qui devinrent, pour M. Coindre, un sujet de vives inquiétudes et compromirent les intérêts de la Congrégation. Il est vrai qu'à force d'économies et de privations même, dans les Etablissements comme au Pieux-Secours, M. Coindre était parvenu à payer une partie des dépenses faites en 1827; mais les frais occasionnés par les constructions des deux dernières années grossirent considérablement les dettes, et les ressources devinrent tout à fait insuffisantes.

Bien plus, les souscripteurs qui lui avaient, jusque-là, fourni des fonds pour l'œuvre du Pieux-Secours, cessèrent de lui venir en aide. M. l'abbé Rey, qui, dans le même but que le Père Fondateur, avait créé un vaste établissement à Oullins, continua seul à profiter des libéralités des pieux laïques. La situation financière de M. Coindre était donc loin de s'améliorer. Or, cet état de choses ne pouvait rassurer les Frères sur l'avenir de l'Institut. Dans les œuvres, même les plus favorisées de la Providence, il faut non seulement viser au progrès moral, mais avoir encore en vue les ressources matérielles qui ne doivent jamais être négligées.

D'autres causes venaient encore ralentir l'ardeur des âmes même les plus généreuses et mettre obstacle au succès de l'œuvre : nous voulons parler des procédés trop rigides du Frère Borgia, Directeur général, et d'un excès de zèle qu'il manifestait pour le maintien de la discipline religieuse. Sévère pour lui-même, il l'était aussi pour ses inférieurs. Comme la plupart de ceux qui entrent en religion à un âge avancé, et qui n'ont pas reçu de bonne heure l'influence d'une sage direction, il visait à une perfection peu éclairée, et pas assez en harmonie, peut-être, avec la charité et la mansuétude évangéliques.

Mais on doit tenir compte de la droiture de ses intentions, car il voulait sincèrement le bien de ses Frères, comme on peut s'en convaincre d'ailleurs en lisant certaines lettres qu'il adressait au P. Fondateur.

Toutefois, M. Coindre, après un mûr examen, chargea le Frère Xavier de remplir les fonctions de Directeur général. Ce fut dans le courant de l'année 1836.

Sortie de son berceau depuis peu d'années, n'ayant point encore cette solidité qu'apporte le temps avec les longues traditions qu'il implante, la Congrégation, nous l'avons dit, se trouva dans les conditions d'une existence fort précaire. Que d'obstacles, en effet, vinrent s'opposer à sa marche régulière dans la voie du progrès! La période de 1830 à 1838 fut pour elle la plus critique, à tous les points de vue. Par suite d'un découragement devenu presque général, on eut à déplorer de nombreuses défections, ainsi que la perte de plusieurs établissements. Les courages fléchissaient; les vocations devenaient de plus en plus rares : c'étaient les préludes de la décadence et de la ruine, si bien qu'à la fin de l'année 1838, l'Institut comptait à peine quarante sujets, y compris quelques novices.

Il est vrai, certaines réformes dues à l'initiative du Frère Xavier donnèrent satisfaction à des vœux bien légitimes; mais tout était encore en souffrance, sous le rapport de l'administration. Les causes du malaise et de l'incertitude qui régnaient dans la Société ne devaient disparaitre qu'en 1841, époque où elle sortit enfin de ce long état de crise, grâce à une protection bien visible du Ciel, qui daigna veiller sur elle et lui donner les consolantes assurances d'un avenir prospère.

Quant à M. Vincent Coindre, toujours obéré, il ne savait plus quel parti prendre pour satisfaire ses créanciers. Dans cette extrémité, il fut sur le point de leur céder les immeubles qu'il possédait aux Chartreux ; mais le Frère Xavier, Directeur général, crut devoir s'opposer énergiquement à une telle détermination, qui aurait, du reste, mis en jeu les plus graves intérêts de l'Institut. « J'essaierai, dit-il à M. Coindre, j'essaierai de faire face à tout, pourvu que vous cessiez de bâtir. »

M. Coindre fut heureux d'accepter cette proposition ; il donna pleins pouvoirs au Frère Xavier.

Il y a peu d'obstacles dont l'énergie d'un homme ne puisse triompher. Le Frère Xavier possédait cette énergie. Homme de cœur et de ressources, il était de plus un religieux plein de foi, soutenu par sa grande confiance en Dieu. Grâce à son activité et à sa constance infatigables, il eut le mérite de conjurer la ruine de la Congrégation, et, par la sagesse de ses calculs, il en sauvegarda les intérêts matériels en sauvegardant ceux de M. Coindre.

Dès que le Frère Xavier eut pris la direction générale des affaires, il se mit résolûment à l'œuvre. Il ne songea plus qu'à remplir la tâche qui lui était assignée, et il s'en acquitta presque toujours avec bonheur, ne comptant pour rien ni les contradictions, ni les labeurs de chaque jour.

Il souscrivit d'abord des obligations à ceux des créanciers qui tenaient à se mettre en règle, et leur en paya les intérêts jusqu'à ce qu'il lui fût possible de solder le capital. Puis il visita les établissements, recommanda aux Frères Directeurs de procéder, dans leur gestion, avec la plus grande économie. Il s'efforça surtout de relever le courage de ceux qui se laissaient dominer par les inquiétudes que produisaient les difficultés présentes, et il leur rappela que Dieu n'abandonne jamais ceux qui espèrent en lui. Partout il rencontra des cœurs soumis et prêts à tous les sacrifices. La confiance que ce digne Religieux

sut leur inspirer fut pour tous une consolation et une force.

Lorsque le Frère Xavier eut terminé ses
visites, il rentra au Pieux-Secours, où sa présence donna un nouvel essor au dévouement
des Frères. Après avoir obtenu la plus
grande activité dans les ateliers, il prépara
les voies à tous les progrès qu'il lui était
possible de réaliser. Comme le P. Fondateur,
il comptait beaucoup sur le secours d'en-
Haut et sur les riches trésors de la charité.
Ses espérances ne furent point vaines. Ayant
fait connaître la position de l'établissement à
quelques-uns de ses anciens bienfaiteurs, il
en obtint des ressources au moyen desquelles
il satisfit certains créanciers qui voulaient être
payés sans retard.

Tant d'efforts furent couronnés de quelques
succès, ce qui encouragea le Frère Xavier à
poursuivre son œuvre avec plus d'ardeur que
jamais. A force d'initiative, de vigueur et de
persévérance, il parvint à vaincre les difficultés, à triompher des obstacles : il put donner suite à deux projets qu'il avait vivement
à cœur de voir se réaliser. Ainsi, en 1837, il
obtint le rétablissement du noviciat, supprimé

depuis 1830. De là, les plus heureuses conséquences. Un élément de vie et de force dont
la Société avait grandement besoin, allait
désormais lui être assuré. Les novices furent
instruits avec soin et sérieusement formés à
la vie religieuse; on eut donc par là quelque
sujet de consolation et d'espérance. La même
année aussi, le Frère Xavier acquit, au nom
de l'Institut, la propriété de Paradis, près du
Puy-en-Velay. Il put la payer deux ans plus
tard.

Après la retraite, qui eut lieu à Craponne
(Haute-Loire), en 1837, les Frères se rendirent à Paradis où des constructions allaient
commencer. Pendant les vacances, tous prirent
part à des travaux de déblayement qu'il y
avait à faire. Les plus anciens, à côté des
novices, donnaient les plus beaux exemples
d'activité, de patience et de soumission. Leur
couche et leurs repas rappelaient ceux des
pauvres; d'ailleurs, les fonds nécessaires pour
payer les ouvriers faisaient souvent défaut.

Au mois d'octobre 1838, les premières
constructions de Paradis furent terminées, et
on put y réunir les novices. A la même époque,
on put aussi ouvrir un pensionnat dont les

débuts furent d'abord bien modestes; mais la bonne tenue de l'établissement et la réputation du Directeur, le frère Polycarpe, attirèrent peu à peu un grand nombre d'élèves.

Pour la première fois, la retraite annuelle eut lieu à Paradis, en 1839. Déjà les besoins religieux de la maison réclamaient la présence d'un aumônier : M. l'abbé Arnaudon, natif du Puy, fut désigné pour remplir cette charge. Par son zèle et son dévouement, ce jeune prêtre contribua beaucoup au succès du pensionnat, ainsi qu'à l'extension de l'Institut.

En 1840, les Frères se réunirent encore à Paradis pour les exercices de la retraite. Ces exercices furent présidés par M. Coindre. Le jour de la clôture, il réunit le Chapitre général de la Congrégation et se choisit pour Assistants les Frères Polycarpe et Alphonse; pour secrétaire, le Frère Xavier. Le Chapitre nomma ensuite le Frère Marie-Joseph, Procureur général, et les Frères Martin et Benoît, membres du Conseil.

A partir de ce jour, le Frère Polycarpe eut le titre de Directeur général de l'Institut.

Cependant, malgré de louables efforts et

quelques améliorations déjà obtenues, l'inquiétude régnait toujours dans les cœurs.
Pour eux, de bien légitimes espérances ne
se réalisaient pas. M. Coindre, malgré sa
promesse, malgré le mauvais état des finances, était revenu à ses anciens errements, en
fait d'administration. Toutefois, les Frères
éprouvaient le besoin d'avoir des garanties
d'existence pour l'avenir; car ils ne se dissi-
mulaient pas que leur Société reposait encore
sur un sol mouvant. Ils voulaient qu'il y eût
union d'efforts, identité de vues, unifor-
mité d'action, harmonie en tout. Ils comprirent que pour l'établir sur des bases solides,
pour rassurer les esprits et donner à tout une
impulsion sage et vigoureuse, ils devaient avoir
un des leurs pour Chef, et gérer eux-mêmes
leurs affaires temporelles. Il leur fallait, pour
cela, obtenir la démission de M. Coindre.

Dans ce but, les membres du Chapitre s'a-
dressèrent à Mgr de Bonald, alors archevêque
de Lyon. Un mémoire, exposant la situation
de la Société, fut joint à leur demande. Après
avoir tout examiné, ce prélat fut d'avis que
M. Coindre devait résigner ses fonctions de
Supérieur général.

Du reste, M. Coindre lui-même avait compris la nécessité d'abandonner le gouvernement de l'Institut. C'est pourquoi, le 20 du mois d'août 1841, des Chartreux, il transmit sa démission à M. l'Aumônier de Paradis, le priant d'en donner lecture au Chapitre général et à tous les Frères réunis pour la retraite annuelle.

Il y exprimait, avec une touchante modestie « le regret de n'avoir pu faire, pour la Congrégation et pour ses membres, tout ce que son cœur eût désiré »; mais, ajoutait-il, « vous pouvez compter que celui que vous avez appelé si longtemps votre Père sera toujours votre ami. »

Cette démission fut acceptée le 12 septembre. Après l'avoir enregistrée, l'Institut avait encore à s'occuper d'une question importante? la demeure qui lui avait servi de berceau et qui avait longtemps abrité ses membres, protégé son existence, lui serait-elle assurée, Il y avait lieu d'appréhender le contraire; car M. Coindre, malgré des sommes considérables déjà déboursées, en devait encore qui étaient supérieures à la valeur de ses biens, et il ne savait quel parti prendre pour se libérer. A tout prix, il voulait pourtant introduire l'ordre dans ses finances, satisfaire ses créanciers.

Sur ces entrefaites, et sur la proposition du Frère Xavier, il consentit à céder aux Frères, par une vente, ses immeubles situés aux Chartreux, mais à la condition que l'on payerait toutes ses dettes.

Dès lors, l'œuvre du Pieux-Secours cessa d'exister : réduits à leurs propres ressources, les Frères n'étaient plus en état de la maintenir. Au mois d'octobre 1841, elle fut remplacée par un pensionnat. Le nombre des élèves augmenta peu à peu et devint bientôt considérable. Plus tard, à mesure que l'établissement prenait de l'importance, on fit, à différentes reprises, les constructions nécessaires pour le mettre sur le meilleur pied possible : ces constructions lui donnèrent l'aspect qu'il présente aujourd'hui.

Revenons à M. Coindre.

Après avoir donné sa démission, il établit sa résidence à Fourvières et devint aumônier des Dames de Jésus-Marie, que son frère avait fondées.

Lorsque, seize ans plus tard, il sentit sa fin approcher, il se rendit aux Chartreux, où il ne voulut être assisté que par les Frères. Il y est mort le 12 janvier 1858. A cette occasion, fut adressée aux Frères du Sacré-Cœur une circulaire dans laquelle nous remarquons ces paroles :

« ..... La mort de notre ancien Supérieur a été sainte comme sa vie fut édifiante. Ceux qui ont eu le bonheur de l'assister, à ses derniers moments, ont surtout admiré sa tendre piété, son entière résignation et la touchante docilité avec laquelle ce vénérable malade obéissait à ceux qui lui donnaient des soins. Cette obéissance allait jusqu'au scrupule, lorsqu'un Frère avait donné son avis..... »

(Circulaire du 30 janvier 1858.)

Nous avons dit que la démission de M. Vincent Coindre avait été acceptée le 12 septembre 1841. Dès le jour suivant, le Chapitre se réunit pour l'élection d'un nouveau supérieur. A l'unanimité, il proclama le T. H. Frère Polycarpe que sa vertu et ses excellentes qualités avaient du reste désigné d'avance. Le lendemain, le Chapitre choisit pour Assistants les Frères Marie-Joseph et Alphonse. Dans la même séance, le nouveau Supérieur nomma le Frère Xavier, Procureur général, et les Frères Jérôme et Benoit, membres du Conseil. Ainsi fut reconstitué le Gouvernement de la Congrégation.

Après une longue série de tribulations et de revers, elle allait enfin sortir de cet état d'incertitude qui planait sur son existence et entrer dans une phase prospère que nous avons déjà fait pressentir.

Au souvenir de ce qu'elle fut si longtemps, nous aimons à dire, avec un pieux auteur, témoin d'une œuvre qui, aussi, avait passé par le creuset des épreuves : « Tout ouvrier, avant de construire, commence par creuser la terre, et il ne s'arrête que lorsqu'il a rencontré dans ses profondeurs une base solide. Ainsi du divin Architecte. Lui aussi, il donne aux édifices qui sortent de ses mains un fondement sur lequel ils puissent reposer en assurance, et il est aisé de reconnaître son ouvrage, lorsque, pour base, on rencontre la croix [1], » la croix avec son inséparable cor-

---

[1] M. Desgeorge.

tège de souffrances, de sacrifices et d'immolations ; la croix à l'ombre de laquelle germent et s'épanouissent toutes les vertus et les œuvres sublimes qu'elles enfantent.

———

M. Vincent Coindre avait fondé les Établissements suivants :

Marvéjols (Lozère), en.................. 1826
Largentière (Ardèche), en............. 1828
St-Maurice-de-Lignon (Haute-Loire), en 1828
St-Front (Haute-Loire), en............ 1828
Craponne   id.,   en............ 1835
Pierrefort (Cantal), en............... 1836
St-Paulien (Haute-Loire), en.......... 1836
Paradis, près Le Puy, en.............. 1837
St-Chély-d'Apcher (Lozère), en........ 1837
Chambost (Rhône), en.................. 1837
Couzon-sur-Saône (Rhône), en.......... 1838
Coutouvre (Loire), en................. 1839
St-Just-d'Avray (Rhône), en........... 1839
Paulhaguet (Haute-Loire), en.......... 1840
Tence (Haute-Loire), en............... 1840

Il avait abandonné ceux de :

TABLE DES MATIÈRES

Bourg, Imp. VILLEFRANCHE. — 841-88.